Pusteblume

Das Lesebuch 2

Neubearbeitung

Herausgegeben von
Wolfgang Menzel

Erarbeitet von
Wolfgang Menzel
Nadine Pistor
Edeltraud Schauer
Helga Schön
Ursula Schwarz

Illustriert von
Christine Bietz
Angelika Çıtak
Kerstin Meyer
Stephan Pricken
Michael Schober
Alexander Steffensmeier
Elena Temporin

Schroedel

Inhaltsverzeichnis

Haustiere

Ich bin ich

In der Natur

Miteinander leben

Kleine Häuser, große Türme

Bücher, Bücher

Jahreszeiten, Feste und Feiern

Geschichten-Werkstatt

Gedichte-Werkstatt

Im Buch stöbern

(1) Lies dir die Kärtchen durch,
die hier an der Pinnwand hängen.

(2) Suche dir fünf Karten von der Pinnwand aus.
Schreibe die Antworten auf.

8. Suche dieses Bild:

Auf welcher Seite hast du es gefunden?

9. Suche die beiden Seiten mit den Autobildern. Wie viele Autos findest du dort?

10. Welches Bild im Buch gefällt dir am besten? Auf welcher Seite steht es?

11. Zu welcher Geschichte gehört dieses Bild?

12. Von was für einem Baum handelt das Gedicht auf Seite 64?

13. In diesem Buch gibt es vier Werkstätten. Wie heißen sie?

14. Jede Werkstatt hat eine andere Farbe. Welche Farbe hat die Lern-Werkstatt?

3 Denke dir selbst eine Suchaufgabe für ein anderes Kind aus.

Wichtige Zeichen im Buch

1 So ein Zeichen steht vor jeder Aufgabe.

2 Eine Zusatzaufgabe erkennst du an dieser Farbe.

Pusteblume Zusatztexte erkennst du auch an dieser Farbe.

A … wie Anfang

Das ABC üben

ABC-Gedicht

Wolfgang Menzel

A B C D E Herr Eismann tanzt im Schnee.
F G H und **I** Er dreht sich wie noch nie.
J und **K** und **L** Er hüpft herum ganz schnell.
M und **N** und **O** Da fällt er auf den Po.
P und **Q** und **R** Im Wasser liegt der Herr!
S, **T**, **U** und **V** Da kichert seine Frau:
W und **X** und **Y** „Das hast du nun davon!
und am Ende noch das **Z** Jetzt legst du dich ins Bett!“

- Das ABC wiederholen
- Sinngestaltend vorlesen

- Hör-CD: Nr. 1

Bärchen-ABC

Beate Günther

Apfelbärchen
Bananenbärchen
Computerbärchen
Dickbauchbärchen
Erdbeerbärchen
Fruchtbärchen
G ? bärchen
Hagebuttenbärchen
I ? bärchen
Johannisbeerbärchen
Kicherbärchen
Lakritzbärchen
Marmeladenbärchen

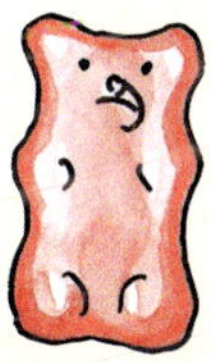

N ? bärchen
Orangenbärchen
P ? bärchen
Quietschebärchen
R ? bärchen
Sirupbärchen
T ? bärchen
Urwaldbärchen
Vanillebärchen
Waschbärchen
X-Beinbärchen
Yippiebärchen
Z ? bärchen

Ich weiß noch eins:
Brummbärchen!

Manche Bärchen
schmecken bestimmt gut:
Erdbeerbärchen!

Mein Bärchen kann lachen.
Welches ist es wohl?

1. Welches Bärchen-Bild gehört an welche Stelle?
2. Lest euch dieses komische Bärchen-ABC gegenseitig vor.
3. Du kannst dir auch ein Bärchen ausdenken.

Selbstlaute vertauschen

Tom liest alles mit o
Aus Rasen macht er Rosen.
Aus Hasen macht er H?sen.

Aus Kränen macht er Kronen.
Aus Bahnen macht er B?hnen.

Aus ah macht er oh.
Und aus Papa macht er P?p?.

Käthe liest alles mit ä
Aus Hunde macht sie Hände.
Aus Wunde macht sie W?nde.

Aus Böckchen macht sie Bäckchen.
Aus Söckchen macht sie S?ckchen.

Aus muh macht sie mäh.
Und aus buh macht sie b?h.

Sarah liest alles mit a
Aus Riesen macht sie Rasen.
Aus Hosen macht sie H?sen.

Aus Gruben macht sie Graben.
Aus Rüben macht sie R?ben.

Aus oho macht sie aha.
Und aus Popo macht sie P?p?.

1 Suche dir einen Text aus. Lies ihn den anderen vor.

Genau hinschauen und lesen

Immer ein bisschen anders!

1 Paula schüttet den Apfelsaft in ihre Flasche.
2 Paula schüttet den Apfelsaft in ihre Tasche.
3 Paula schüttelt den Apfelsaft in ihrer Flasche.

4 Niklas sitzt in seinem Bett und liest.
5 Niklas schwitzt in seinem Bett und liest.
6 Niklas schwitzt in seinem Bett und niest.

7 Die Mutter setzt den Deckel auf ihren Topf.
8 Die Mutter setzt den Deckel auf ihren Kopf.
9 Die Mutter setzt den Dackel auf ihren Kopf.

10 Die Kinder sitzen in der Klasse und schreiben.
11 Die Kinder schwitzen in der Klasse und schreiben.
12 Die Kinder flitzen durch die Klasse und schreien.

1 Lest in der Klasse reihum.
Jedes Kind liest immer nur eine Zeile.

2 Dann liest ein Kind immer drei Zeilen.
Danach kommt das nächste dran.

In welcher Zeile schüttelt Paula den Apfelsaft?

In welcher Zeile schreien die Kinder?

3 Gebt euch selbst Aufgaben zum Raten:

In welcher Zeile …

Sätze und Bilder zuordnen

Kasper

Kaspers Nase ist weiß.
Kaspers Hase ist weiß.

Kaspers Hase ist rot.
Kaspers Nase ist rot.

Kaspers Hose ist bunt.
Kaspers Rose ist bunt.

Kaspers Schal ist grau.
Kaspers Schal ist blau.

Kasper trinkt mit der Hand.
Kasper winkt mit der Hand.

Kaspers Mund ist schön rot.
Kaspers Hund ist schön rot.

Kaspers Hund hat blaue Flecken.
Kaspers Hund hat graue Flecken.
Kaspers Hund hat graue Flicken.

Der Mund schnüffelt an Kaspers Hosen.
Der Hund schnüffelt an Kaspers Hosen.
Der Hund schnüffelt an Kaspers Hasen.

(1) Lies die Sätze leise durch.

(2) Lest dann immer nur die Sätze vor, die zu den Bildern passen.

Zu zweit lesen

Im Zirkus

Warst du schon einmal im Zirkus?	Ja, ich war schon einmal im Zirkus.
Haben dir die Löwen auch so gut gefallen?	Ja, mir haben die Löwen auch gut gefallen.
Die fauchen immer!	Die fauchen und brüllen.
Die sind ganz wild herumgesprungen.	Die sind durch Feuer gesprungen.
Und musstest du über die Clowns auch so lachen?	Ja, ich musste über die Clowns auch lachen.
Die haben sich geboxt.	Die haben aber nur so getan!
Der eine ist auf die Nase gefallen.	Der andere ist auch auf die Nase gefallen.
Und dann haben sie ganz laut geweint.	Ja, sie haben ganz laut geweint.
Die Tränen sind aus ihren Augen gespritzt.	Die Tränen sind auch aus ihren Nasen gespritzt.
Alle haben geklatscht.	Und alle haben gelacht.

▶ Theater-Werkstatt: Seite 172, 173

Immer längere Wörter lesen

Das Schokokusswettkampfessen

Barbara Rhenius

Kröte
Schildkröte
Riesenschildkröte

Napf
Futternapf
Katzenfutternapf

Tag
Geburtstag
Kindergeburtstag

Flasche
Saftflasche
Apfelsinensaftflasche

Platz
Spielplatz
Gartenspielplatz
Kindergartenspielplatz

Essen
Kampfessen
Wettkampfessen
Kusswettkampfessen
Schokokusswettkampfessen

1 Lest reihum. Jedes Kind liest immer nur eine Zeile.

2 Jetzt liest jedes Kind immer einen ganzen Absatz.

3 Und jetzt lest einmal umgekehrt: von unten nach oben.

4 Bildet selbst ein langes Wort.

- Über Lesefähigkeiten verfügen
- Eigene Schreibideen entwickeln

Die Maus und der Kater

Barbara Rhenius

Es war mal eine Maus,
die lebte in einem Haus.

Es war mal eine kleine Maus,
die lebte in einem alten Haus.

Es war mal eine kleine, graue Maus,
die lebte in einem alten, leeren Haus.

Es war mal eine kleine, graue, schlaue Maus,
die lebte in einem alten, leeren, dunklen Haus.

Da kam ein Kater an
und schlich sich an die Maus heran.

Da kam ein dicker Kater an
und schlich sich an die kleine Maus heran.

Da kam ein dicker, schwarzer Kater an
und schlich sich an die kleine, graue Maus heran.

Das Mäuslein kroch, flups, in ein Loch.
Der Kater wartet immer noch.

1. Lies mit einem Partner.
   Ein Kind liest immer zwei Zeilen.
   Dann liest das andere Kind die nächsten beiden Zeilen.

2. Wie könnte die kleine Maus noch aussehen?
   Füge ein Wort hinzu.
   Dann wird der Satz mit der Maus noch länger.

Einkaufszettel und Bild vergleichen

Laura kauft ein

Laura soll im Supermarkt noch schnell etwas einkaufen.
Sie hat sich einen Einkaufszettel geschrieben.
Da steht alles drauf, was sie mitbringen soll:

2 grüne Paprika
2 gelbe Paprika
1 rote Paprika
1 Paket Salz
5 Tomaten
1 Blattsalat
1 Glas Honig
1 Zitrone

Als Laura mit der Tasche nach Hause kommt,
legt sie alles auf den Tisch.
Die Mutter sieht sich die Sachen an.
Dann schüttelt sie mit dem Kopf: „Laura, Laura!"

1. Lies den Einkaufzettel genau durch.

2. Sieh dir die Dinge auf dem Tisch an.
Vergleiche sie mit dem Einkaufszettel.

3. Schreibe auf:
   - Was hat Laura vergessen?
   - Und was hat sie zu viel mitgebracht?

Fragen zu Text und Bild beantworten

Auf dem Schulhof

Auf dem Schulhof sind zehn Kinder zu sehen.
Ein Mädchen springt mit dem Seil.
Zwei andere Mädchen halten das Seil.
Zwei Kinder essen und trinken.
Zwei Jungen zanken sich.
Ein Kind klettert auf dem Klettergerüst.
Ein Kind traut sich nicht.
Und was macht der Junge dort ganz allein?
Die Lehrerin steht an der Tür.
Sie schaut ihnen zu.

1 Was ist auf dem Bild anders als im Text?

2 Junge oder Mädchen:
- Wer macht etwas ganz allein?
- Wer hat Angst vor dem Klettern?
- Wer isst einen Apfel?

3 Denke dir selbst Fragen an andere Kinder aus.

Texte und Bilder zuordnen

Wem gehört welches Auto?

Ich habe ein Auto,
das kann nicht so schnell fahren.
Es hat drei Sitze.
Mit diesem Auto holen
die Fahrer montags
immer den Müll ab.

Jannik

Ich habe ein Auto,
das kann sehr schnell fahren.
Es hat nur zwei Sitze.
Mit diesem Auto
kann man fliegen,
und die Fahrer wollen
damit Autorennen gewinnen.

Lea

Ich glaube, ein Kind flunkert!

Ich habe ein Auto,
das kann ziemlich schnell fahren.
Es hat sechs Sitze.
In diesem Auto fahren wir
manchmal sonntags
unsere Großeltern besuchen.

Ich habe ein Auto,
das kann sehr schnell fahren.
Es hat vier Sitze.
Die Fahrer in diesem Auto
passen auf den Verkehr auf.
Manchmal halten sie andere Autos an.

Samira

Moritz

► Haustiere: Seite 30, 31
► In der Natur: Seite 56, 57

In der Schule

Hallo! Hurra!
Wir sind wieder da!

Charlotte Bär

Ich freue mich sehr,
meine Freunde zu sehen
und jetzt
in die zweite Klasse zu gehen.

Alle sind gewachsen
und von der Sonne braun.
Es gibt viel zu erzählen,
zu lachen und zu schaun.

Schulanfang

Ursula Schwarz

Heute Abend packt Marie ihre  besonders gern.
Viele Sachen sind neu und riechen so gut.

Das neue  kommt zuerst in die .
Und dann der schöne neue  für die neuen .

Marie öffnet das  und schaut nach,
ob auch alles darin ist:
ein , der neue ,
die , der ,
der neue , das 
und die  – und die ,
die sie in den Ferien am Meer gefunden hat.

Der  ist zu groß.
Der kommt in eine  – fertig!

Und das Frühstück für die Schule?
Die , die  und einen 
packt Marie erst morgen früh ein.

1 Welche Dinge in Maries Schultasche sind neu?

2 Schreibe auf, was du in deine Schultasche packst.

► Geschichten-Werkstatt: Seite 152
► Theater-Werkstatt: Seite 181

Nur für einen Tag

Manfred Mai

Annas Papa will einfach nicht glauben, dass auch Kinder es schwer haben – zum Beispiel in der Schule. Deshalb soll er mit Anna tauschen. Nur für einen Tag – dann wird er schon sehen. Anna geht ins Büro und Papa ist Schüler in Klasse 2b.

Endlich klingelt die Pausenglocke. Papa stürmt aus der Klasse und läuft dem Rektor genau vor den Bauch. „Hoppla!“, sagt der Rektor. „Du hast es aber eilig.“ Er hält Papa am Arm fest. „Entschuldigung!“, sagt Papa. „Du bist wohl neu bei uns?“, fragt der Rektor. Papa nickt. „Dann merk dir eins: Wir benehmen uns hier, wie es sich gehört, und laufen nicht wie verrückt durchs Haus. Verstanden?“ Papa nickt wieder. „Das will ich auch hoffen“, sagt der Rektor und lässt ihn los.

Papa geht lieber zurück in die Klasse. Er hat jetzt Hunger und holt sein Pausenbrot aus der Tasche. Als er hineinbeißt, klingelt es schon wieder. Die Pause ist zu Ende. Frau Kleinlein kommt herein und setzt sich an den Lehrertisch. „Herbert!“, sagt sie ärgerlich. „Gegessen wird in der *großen* Pause, das weißt du doch.“ „Ich hab aber Hunger“, sagt Papa. „Dann musst du morgens richtig frühstücken!“ „Da bring ich noch nichts runter“, sagt Papa. Die anderen lachen. „Dann kann ich dir auch nicht helfen“, sagt Frau Kleinlein. „Jetzt isst du jedenfalls nicht.“ Papa packt sein Brot wieder ein. So was Blödes!

1 Wie heißt die Lehrerin? Wie heißt Papa?

2 Welche Regeln kennt Papa nicht?

3 Die Geschichte könnt ihr auch spielen.

Komm mit in die Schule

Frauke Nahrgang

Timo und Oli und ich
gehen nach der Schule
immer allein nach Hause.

Wir mussten versprechen,
dass wir bei der Ampel
in der Hilscherstraße
immer auf Grün warten.
Und dass wir immer
auf dem Bürgersteig bleiben.
Und dass wir
in der Kastanienallee immer
den Zebrastreifen benutzen.

Mama sagt,
wir kommen immer
schrecklich spät nach Hause.
Sie glaubt, dass wir trödeln.
Aber das tun wir
bestimmt nicht.

Zuerst kommen wir immer
an Olis Haus vorbei.
Aber Oli kann nicht
so einfach reingehen,
weil wir uns
ja gerade unterhalten.

Wir gehen weiter
bis in die Allee.
Dort auf den Bänken
unterhalten wir uns fertig.
Manchmal sammeln wir noch
ein paar Kastanien.
Manchmal gehen wir noch
ganz kurz zum Grützbach.

Aber dann bringen wir
Oli sofort nach Hause.
Und dann gehen wir wirklich
meistens gleich zurück.

Ich weiß auch nicht,
warum ich immer
so spät nach Hause komme.

1. Lasst euch die Geschichte vorlesen.
   Verfolgt den Schulweg der Kinder mit dem Finger.

2. Welche Verkehrsregeln müssen die Kinder beachten?

3. Warum kommt das Mädchen wohl so spät nach Hause?

4. Die Geschichte wird von einem Mädchen erzählt.
   Wie heißt es?

Wozu? Warum?

Text: Charlotte Bär,

Melodie: Wolfgang Menzel

1. Lesen, rechnen, spielen, toben,
schreiben, malen, meckern, loben.
Wozu? Warum?
Wer lernt, der bleibt nicht dumm.

2. Turnen, singen, reden, hören,
Fragen stellen, flüstern, stören.
Wozu? Warum?
Wer lernt, der bleibt nicht dumm.

3. Streit beginnen, Späße machen,
sich vertragen, spielen, lachen.
Wozu? Warum?
Wer lernt, der bleibt nicht dumm.

(1) Das Lied könnt ihr gemeinsam singen.

(2) Ihr könnt das Lied auch reihum und im Chor lesen und singen:
Immer ein Kind liest oder singt eine rote Zeile.
Die schwarzen Zeilen singt ihr dann im Chor.

Hör-CD: Nr. 3

Ideenkiste

Wer ist das?

Er ist ein Mann,
der viele Dinge machen muss
und der fast alles kann:
die Schultüren aufschließen,
die Kinder, die Lehrerinnen
und Lehrer begrüßen.

Wenn was kaputt ist,
wird's von ihm repariert,
oder schnell
ein Handwerker organisiert.
Er wird gebraucht
tagaus, tagein.

Wer mag das sein?

1. Findet einmal heraus, welche Erwachsenen noch bei euch an der Schule arbeiten.

2. Überlegt euch Fragen, die ihr den Erwachsenen stellen könnt. Schreibt sie auf.

3. Macht euch Notizen zu den Antworten.

4. Fragt, ob ihr Fotos machen dürft.
Dann könnt ihr ein Plakat
über die Leute an eurer Schule gestalten.

▶ Bücher, Bücher: Seite 98, 99

Haustiere

Katzenkinder kommen zur Welt

A

B

C

D

E

F

1 Schaut euch die Bilder und die Überschrift genau an. Sprecht darüber. Was wollt ihr jetzt darüber wissen?

- Sich an Gesprächen beteiligen
- Leseerwartungen formulieren

1. Das nackte, blinde Kätzchen ist gerade geboren worden.
Die Katzenmutter leckt das Neugeborene trocken.

2. Die Katzenmutter liegt geduldig auf der Decke.
Die Jungen trinken Milch.

3. Das kleine Kätzchen beginnt zu sehen.
Sein linkes Auge ist schon ganz offen,
das rechte nur ein bisschen.

4. Bei Gefahr packt die Katzenmutter ihr Junges am Genick
und bringt es in Sicherheit. Dabei tut sie ihm nicht weh.

5. Die Katzenjungen können jetzt laufen und springen.
Sie raufen miteinander.

6. Das Kätzchen ist fast erwachsen.
Es faucht, wenn es sich bedroht fühlt.

1 Welcher Text passt zu welchem Bild?

2 Finde noch mehr über Katzen heraus.
Mache dir Notizen.
Berichte in der Klasse darüber.

Die ersten Wochen der Kätzchen

Katzenbabys wiegen bei der Geburt 70–100 Gramm, gerade so viel wie ein kleiner Apfel. Am Anfang ist ihr Fell noch kurz, sie sehen nackt aus. Sie können nicht sehen und nicht hören. Aber sie können ihre Mutter riechen.

Die Mutter füttert die Kleinen mit ihrer Milch und beschützt sie. Es dauert zehn Tage, bis die Kätzchen gucken können. Mit drei Wochen laufen sie. Neugierig untersuchen sie die Welt um ihr Körbchen herum. Jetzt wachsen ihnen auch die Milchzähne.

Sie beginnen, feste Nahrung zu fressen. Die Katzenmutter zeigt den Kleinen, wie man Mäuse fängt, und alles, was sie für ihr Katzenleben lernen müssen. Drei Monate nach der Geburt sind sie selbstständig. Dann können sie in ein neues Zuhause wechseln.

1 Nur zwei Sätze sind richtig:

a. Katzenbabys erkennen ihre Mutter am Geruch.
b. Neugeborene Katzen hören besonders gut.
c. Der Katzenvater gibt den Kleinen Milch.
d. Die Kätzchen können mit drei Wochen laufen.

 ► Lern-Werkstatt: Seite 143

Verliebt in ein Kätzchen

Paul Tosbat

Simon und Lena machen mit den Eltern Ferien auf einem Bauernhof weit weg von zu Hause. Auf dem Hof gibt es eine Katze, und die hat vor drei Wochen Junge bekommen. Lena verliebt sich in das Kätzchen mit dem schwarzen Fleck um das rechte Auge. Simon gefällt das alles gar nicht. Lena ist nämlich den ganzen Tag in der Scheune bei dem Kätzchen. Sie hat keine Lust mehr, mit ihm zu spielen. Und jetzt will sie das Kätzchen auch noch mit nach Hause nehmen! Der Bauer ist damit einverstanden, er weiß sowieso nicht, was er mit all den Katzen machen soll. Aber die Eltern sind dagegen.

1. Überlegt zu zweit und schreibt auf: Warum wohl wollen die Eltern das Kätzchen nicht mitnehmen?

2. Habt ihr euch auch schon einmal in ein Tier verliebt? Sprecht darüber.

3. Schau dir das Bild genau an. Hat der Zeichner alles richtig gemacht?

Jonas hat Glück

Helga Euler

Jonas besucht seinen Opa fast jeden Tag.
Opa hört zu,
wenn Jonas Kummer hat.
Und Jonas kann mit ihm
über seine Wünsche sprechen.
„Opa, ich hätte so gern einen echten Hund.
Am liebsten einen Terrier,
der auf mich hört.
Mit dem könnte ich Kunststücke trainieren."
„Wie wäre es denn mit so einem?
Das Bild hier habe ich im Internet gefunden.
Ja, so ein Westie,
der würde mir auch gefallen!",
nickt Opa und schmunzelt.

„Oh ja, das wäre toll!
Aber Mama und Papa
erlauben das nicht!"
„Wenn aber der Hund
hier bei mir wohnen würde,
wer würde dann wohl
mit ihm Gassi ...?"
„Ich, ich würde das so gern machen,
den Terrier ausführen!
Ich würde mit ihm Gassi gehen,
großes Ehrenwort, auch bei Regen!"
Schon beim Gedanken daran
wird Jonas ganz aufgeregt.

Eine Woche später
schimpft Mama nach dem Essen:
„Jetzt hat sich der Opa einfach
einen Hund gekauft!
Dazu ist er doch wirklich zu alt!“
Jonas bekommt Herzklopfen,
was hat er da eben gehört?
„Opa hat einen Hund?
Er hat wirklich einen Terrier gekauft?“
„Du wusstest davon?“
„Na klar, schließlich ist das ja unser Hund!“
Mama macht die Augen weit auf
und holt tief Luft.
Aber da ist Jonas schon an der Tür.
„Ich muss zu Opa …“

1. Beantwortet zuerst einmal die Fragen:
   a. Was wünscht sich Jonas?
   b. Was bedeutet *Gassi gehen*?
   c. Jonas hat Herzklopfen, warum?
   d. Woran merkt Mama, dass Jonas Bescheid weiß?
   e. Warum wohl hat Opa Rudi einen Terrier gekauft?

2. Spielt die Gespräche, die Jonas mit Opa Rudi und mit Mama hat.

3. Suche im Internet unter www.blindekuh.de, was du über Terrier herausfinden kannst. Mache dir Notizen und berichte in der Klasse.

Meerschweinchen

Lia

Woher kommen eigentlich
die Meerschweinchen?

A Meerschweinchen kann man in der Tierhandlung kaufen. Sie stammen aus Südamerika. Vor vielen Jahren brachten Seefahrer die ersten Meerschweinchen mit nach Europa.

?

Niko

B Meerschweinchen fressen Getreidekörner, Heu, frisches Grünfutter, Gemüse und Obst. Sie nagen gern an einem Zweig aus hartem Holz. So werden ihre Zähne nicht zu lang.

Lars

Was muss ich für meine
Meerschweinchen tun?

C Meerschweinchen wollen oft gestreichelt werden. Man sollte viel mit ihnen reden, damit sie die Stimme kennen. Sie brauchen jeden Tag frisches Futter und Wasser. Und der Käfig muss regelmäßig sauber gemacht werden.

D Die Meerschweinchen leben
in einem Käfig oder Stall.
Der Boden ist mit frischem Heu
und Streu bedeckt.
Im Käfig brauchen die Meerschweinchen
einen Ast zum Klettern,
einen Futternapf
und eine Tränke für frisches Wasser.
Jedes Tier hat sein eigenes Schlafhäuschen.

Hanna

Alexander

E Meerschweinchen verhalten sich friedlich.
Wenn man sich viel mit ihnen beschäftigt,
werden sie bald zutraulich.
Dann pfeifen und quieken sie
zur Begrüßung.
Meerschweinchen sind nicht gern allein.
Deshalb ist es gut,
zwei Tiere in einem Käfig zu halten.

1 Was haben wohl Niko und Hanna gefragt?

2 Welche Überschrift passt zu welchem Abschnitt?
Ernährung – Pflege – Behausung – Herkunft – Verhalten
Lia fragt nach der Herkunft. Schreibe so auf:

A – Herkunft
B – …

Tierfamilien

Jedes Jahr im Frühling bekommt
das Mutterschaf ein Lamm.
Nach der Geburt trinkt das Lamm Milch
bei der Mutter.
Dabei kniet es sich hin
und hebt den Kopf.
Aber bald kann es laufen.
Und dann bringt ihm das Mutterschaf bei,
Gras und Heu zu fressen.

Das Mutterschwein wird Sau genannt.
Die Sau bringt Ferkel zur Welt.
Manchmal sind es 12 rosa Ferkel,
die laut quieken.
Sie saugen bei der Mutter Milch.
Nach wenigen Wochen fressen sie
feste Nahrung.

Die Henne legt ihre Eier in das Hühnernest.
Sie setzt sich 21 Tage auf die Eier und brütet sie aus.
Sie wird auch Glucke genannt,
weil sie auf den Eiern gluckt.
Im Ei entwickelt sich durch die Wärme ein Junges.
Nach 3 Wochen pickt es mit seinem Schnabel
von innen die Eierschale auf.
Heraus kommt das Küken.
Die Henne bringt ihren Küken bei,
wie sie nach Futter picken können.

► Bücher, Bücher: Seite 95–97

Die Kuh bekommt ein Kalb.
Einige Stunden nach der Geburt steht es schon auf seinen Beinen.
Jeden Tag trinkt das Kalb 5 bis 8 Liter Kuhmilch aus dem Euter der Mutter.
Nach 6 Monaten frisst es mit der Kuh zusammen Gras auf der Weide.

1. Hahn, Eber, Bulle und Bock sind Tierväter.
Zu welchen Tierfamilien gehören sie?

2. Lege eine Tabelle in deinem Heft an:

Tierfamilie	Tierkind	Tiermutter	Tiervater
Rinder	Kalb		Bulle
Schafe			Bock
Hühner		Henne/Glucke	
Schweine			
...			

3. Kennst du noch andere Tierfamilien?
Trage sie auch in deine Tabelle ein.

4. Welches Tierkind trinkt keine Milch?

- Lernergebnisse geordnet festhalten

▶ Lern-Werkstatt: Seite 142
▶ Gedichte-Werkstatt: Seite 167

Hund und Katze

Wilhelm Busch

Miezel, eine schlaue Katze,
Molly, ein begabter Hund,
wohnhaft an demselben Platze,
hassten sich aus Herzensgrund.

Schon der Ausdruck ihrer Mienen,
bei gesträubter Haarfrisur,
zeigt es deutlich: Zwischen ihnen
ist von Liebe keine Spur.

Beide lebten in der Scheune,
die gefüllt mit frischem Heu.
Alle beide hatten Kleine,
Molly zwei und Miezel drei.

Einst zur Jagd ging Miezel wieder
auf das Feld. Da geht es bumm!
Der Herr Förster schoss sie nieder,
ihre Lebenszeit ist um.

Oh, wie jämmerlich miauen
die drei Kinderchen daheim.
Molly eilt, sie zu beschauen,
und ihr Herz geht aus dem Leim.

Und sie trägt sie kurz entschlossen
zu der eignen Lagerstatt,
wo sie nunmehr fünf Genossen
an der Brust zu Gaste hat.

Ideenkiste

Ein Tierplakat

Das hat Nils geschrieben.
Vorher hat er Lisa gefragt.
Sie hat zu Hause einen Hamster.

Das Foto hat Irina
aus einer Zeitschrift
ausgeschnitten
und dann aufgeklebt.

Hamster

Hamster fressen
Körner und Samen.
Aber sie mögen auch
Obst und Salat.

Hamster brauchen
einen Käfig mit einem
Laufrad und einem
Schlafhäuschen.

Hamster sind nachtaktiv.
Am Tag schlafen sie,
abends und nachts
sind sie wach.

Lara hat das Buch
Mein Hamster gelesen.
Sie hat aufgeschrieben,
was Hamster in ihrem Käfig
brauchen.

Marvin hat im Internet unter
www.helles-koepfchen.de
über Hamster geforscht.
Das hier hat er
aufgeschrieben.

Ich bin ich

Henriette Sauvant: Erzählbild

(1) Stell dir vor, du bist dieses Kind.

- Lebendige Vorstellungen beim Betrachten eines Bildes entwickeln

2 Schreibe deine Geschichte zu dem Bild.

In meinem Haus

Gina Ruck-Pauquèt

In meinem Haus,
da wohne ich,
da schlafe ich,
da esse ich.

Und wenn du willst,
dann öffne ich
die Tür
und lass dich ein.

In meinem Haus,
da lache ich,
da weine ich,
da träume ich.

Und wenn ich will,
dann schließe ich
die Tür
und bin allein.

3 Schreibe das Gedicht ab
und male das Haus deiner Fantasie dazu.

4 Du kannst auch andere Wörter in das Gedicht einsetzen.
Dann wird es dein eigenes Hausgedicht. Trage es vor.

Ich?

Manfred Mai

Heute haben mich
meine Eltern
neu eingekleidet:
Neues Hemd.
Neuer Pulli.
Neue Jacke.
Neue Hose.
Neue Schuhe.

Meine Mutter
und die Verkäuferinnen
haben immer gesagt,
alles passe gut zusammen –
und zu mir.

Aber
wenn ich
die neuen Sachen trage,
ist mir ganz komisch.

Ich
weiß gar nicht mehr,
ob ich noch
ich bin.

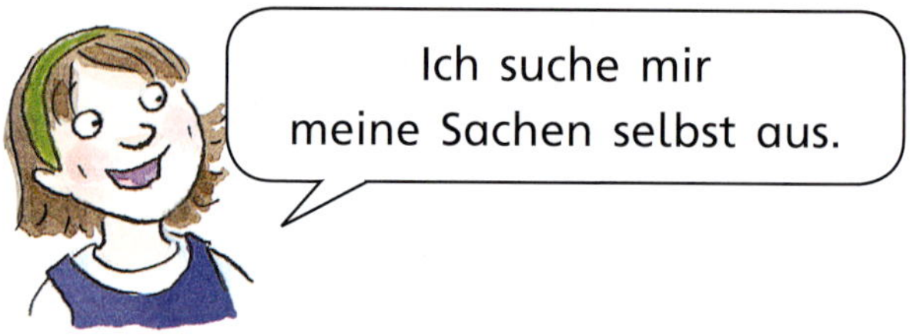

1 Schreibe auf, was du am liebsten anziehst.
Du kannst auch schreiben, was du gar nicht magst.

2 Male oder klebe ein Bild zu deinem Text.

3 Schreibe auf, warum du etwas magst oder nicht magst.

Mia und Mia

Anne Steinwart

Mia steht vor dem Spiegel.
„Wie sehe ich aus?“, fragt Mia.
Der Spiegel sagt nichts.
Mia beguckt sich genau.

Ihre Haare sehen aus wie gelbe Borsten.
Ihr Mund ist nach unten gebogen.
Ihre Augen sind ziemlich grau.

Aber Mias Nase ist nicht zu groß
und nicht zu klein.
Sie ist gerade richtig.

Und Mias Nase hat – eins, zwei, drei,
vier, fünf, sechs, sieben lustige Pünktchen.
Die hat die Sonne gemalt.

Mia lacht sich an.
Dabei kräuselt sie ihre Nase.
Die Sonnen-Pünktchen beginnen zu tanzen.

Mias Augen leuchten jetzt himmelblau.
„Schön sehe ich aus“, sagt Mia.
„Die gelben Borsten sind nicht so schlimm.“

1 Was gefällt Mia an ihrem Spiegelbild?

2 Beschreibe dich selbst. Was ist bei dir schön?

3 Sage einem anderen Kind, was bei ihm schön ist.

Lachen ist gesund

Wer lacht, wird richtig durchgeschüttelt. Die Muskeln am Bauch, am Hals, am Kinn und an den Backen ziehen sich zusammen. Der Kopf wird rot. Du gackerst und prustest. Du lachst schnell hintereinander: hahahahaha! – oder hihihihihi! Du atmest tief ein und pustest die Luft wieder raus. Du klopfst dir auf den Bauch, und zum Schluss kugelst du dich vielleicht sogar am Boden. Und es kann sein, dass du auch wirklich müde bist vom vielen Lachen. Dann hast du dich schlapp gelacht. Lachen ist nämlich auch anstrengend.

Ärzte haben herausgefunden, dass man mit Lachen sogar Kranke heilen kann. In manche Krankenhäuser kommt deshalb ein Clown zu den kranken Kindern und bringt sie zum Lachen. Dann vergessen die Kinder ihre Schmerzen.

1 Versucht doch einmal, euch gemeinsam schlapp zu lachen. Beobachtet euch dabei, und sprecht über eure Erfahrungen.

2 Schreibe Sätze aus dem Sachtext in der Ich-Form auf:
Wenn ich lache, ...

Weinen ist wichtig

Menschen und Säugetiere haben Tränendrüsen. Mit jedem Lidschlag wird die Tränenflüssigkeit daraus über die Augäpfel verteilt. Dadurch bleiben die Augen feucht und sauber. Richtig weinen können nur wir Menschen.

Wenn dir Tränen über die Wangen laufen, bist du meist traurig oder wütend oder verzweifelt. Aber auch vor lauter Freude können dir Tränen kommen. Bis zu 80 Liter Tränen vergießen wir in unserem Leben.

Weinen erleichtert. Es hilft uns, mit Gefühlen wie Kummer, Zorn und Trauer besser fertig zu werden. Wir zeigen anderen Menschen, dass es uns nicht gut geht und dass wir Hilfe und Trost brauchen. Besonders wichtig ist das für Babys.

Manche Menschen weinen nur heimlich, vielleicht, weil es ihnen peinlich ist, ihre Gefühle offen zu zeigen.

1 Wann musst du weinen? Sprich zuerst mit einem Partner darüber und dann in der Klasse.

2 Warum ist Weinen wichtig? Mache dir Notizen.

Der wütende Willi

Hiawyn Oram

Einmal lebte ein Junge, der Willi hieß.
Er wollte unbedingt aufbleiben
und den Wildwestfilm sehen.
„Nein“, sagte seine Mutter,
„es ist schon spät. Geh ins Bett.“
„Dann werde ich wütend“, sagte Willi.
„Dann werde wütend“, sagte seine Mutter.

Das wurde er auch. Sehr, sehr wütend.
So wütend, dass seine Wut sich
in eine Gewitterwolke verwandelte
und mit Donner, Blitz und Hagel zerplatzte.
„Das reicht“, sagte seine Mutter.
Aber es reichte gar nicht.

Willis Wut verwandelte sich in einen Orkan,
der Hausdächer, Schornsteine
und Kirchturmspitzen herunterriss.
„Das reicht“, sagte sein Vater.
Aber es reichte gar nicht.

Willis Wut verwandelte sich in einen Taifun,
der ganze Städte ins Meer schleuderte.
„Das reicht“, sagte sein Großvater.
Aber es reichte gar nicht.

Willis Wut verwandelte sich in ein Erdbeben,
das die Oberfläche der Erde aufbrach,
wie ein Riese ein Ei aufbricht.
„Das reicht“, sagte seine Großmutter.
Aber es reichte gar nicht.

Willis Wut verwandelte sich
in eine Explosion des ganzen Weltalls,
und die Erde und der Mond
und die Sterne und die Planeten,
Willis Land und Willis Stadt, seine Straße,
sein Haus, sein Garten und sein Zimmer
waren nur noch Trümmer im All.

Willi saß auf einem Felsstück vom Mars
und überlegte.
Er überlegte und überlegte.
[...]

1. Lasst euch die Geschichte vorlesen. Lest mit den Augen im Buch mit.

2. Was passiert mit Willis Wut? Sprecht darüber. Wie ist es euch ergangen, als ihr einmal so richtig wütend wart?

3. Malt in der Gruppe ein Bild zu jedem Absatz.

4. Erfindet ein Ende der Geschichte.

5. Lest nun die letzten Sätze der Geschichte mit eurem Ende vor.

Über sich selbst nachdenken

Wovor fürchtest du dich?

Was möchtest du besonders gut können?

Was machst du, wenn keiner Zeit für dich hat?

Was isst du am liebsten?

Was magst du überhaupt nicht und warum?

Was hörst du am liebsten?

Wovon hast du zuletzt geträumt?

1 Denke über die Fragen nach.
Mache dir Notizen über deine Gedanken.

2 Vielleicht fällt dir zu einer Frage eine Geschichte ein.

Ideenkiste

Tipps gegen Wut im Bauch

HALT!
Sich prügeln oder etwas zerstören ist keine gute Lösung.

Suche dir einen Ort, wo du ganz allein bist.
Und das kannst du dann alles tun:

- ganz laut schreien
- fest in ein paar Kissen boxen
- laut dabei schimpfen
- eine fetzige Musik anstellen und wild dazu tanzen
- tief Luft holen und dich beim Ausatmen so schütteln, dass alles bei dir schlackert

Danach geht es dir bestimmt schon viel besser.

Überlege dir dann:
- Wie kann ich meine Meinung sagen?
- Wie kann ich richtig gut streiten?
- Gibt es jemanden, mit dem ich über alles reden kann?

In der Natur

Bäume

(1) Schaut euch die Bilder genau an.
Was wisst ihr über die Bäume?

- Vorwissen aktivieren
- Sich an Gesprächen beteiligen

Baumrätsel

1. Mich kannst du am leichtesten erkennen.
Mein Stamm hat eine weiße Rinde mit dunklen Flecken.
Meine Zweige sind sehr dünn
und wehen wie Haare im Wind.

2. Kein anderer Baum hat so eine zerfurchte Rinde wie ich.
Mit meinen Eicheln kannst du toll basteln.
Man kann sie aber auch im Wald lassen
für Wildschweine und Eichhörnchen.

3. Ich bin einer der größten Bäume bei euch im Wald.
Ich habe eine glatte, graue, fast silbrige Rinde.
Meine Samen schmecken allen:
Wildschweinen, Mäusen und Menschen.

4. Ich bin auch im Winter grün.
Die Menschen pflanzen uns häufig,
weil sie uns als Weihnachtsbaum nehmen wollen.
Eichhörnchen und Mäuse knabbern
die Samen aus meinen Zapfen.

Rätselbild
1. – C
2. – ...

(1) Welcher Text passt zu welchem Bild?

(2) Schreibe selbst ein Baumrätsel.

- Texte und Bilder zuordnen

► A ... wie Anfang: Seite 20, 21
► Lern-Werkstatt: Seite 142

Die größte Pflanze der Welt

Lars Klinting

A

B

C

Gibt es etwas Wohligeres,
als an einem warmen Sommertag
unter einem großen Baum im Schatten zu liegen?
Einfach dazuliegen und in die Laubkrone hinaufzuschauen
und in die Blätter, die im Wind rascheln?
Wenn es zu regnen anfängt,
kann man ruhig liegen bleiben,
weil der Baum sowohl vor der Sonne
als auch vor dem Regen schützt.

Wenn es ein großer Kletterbaum ist,
kannst du hinaufklettern
und dich im Laub verstecken wie in einer grünen Hütte.
Vielleicht ist ja einer der Äste stark genug,
dass man eine Schaukel aufhängen kann.

Liegen trockene Zweige auf der Erde,
kannst du sie mit nach Hause nehmen
und damit Feuer machen zum Heizen oder Kochen.

D

F

E

Wenn es ein Apfelbaum ist, kannst du dich satt essen.

Wie du siehst, kann man einen Baum zu vielem gebrauchen, und das weiß der Mensch seit Jahrtausenden. Das harte Holz des Baumes wird zum Bauen von Häusern, Schiffen und Möbeln verwendet.

Man pflanzt Bäume wegen ihrer guten und nahrhaften Früchte. Oder man pflegt sie in Parks und Gärten, weil sie schön anzuschauen sind.

1 Welches Bild passt zu welchem Absatz?

Absatz	Bild
1 –	F
2 –	…

2 An welchen Stellen hast du das erkannt?

► A … wie Anfang: Seite 20, 21

Auch Bäume können krank werden und sterben

Bäume gehören zu den ältesten Lebewesen der Erde. Aber auch sie können krank werden und sterben. Manche können tausend Jahre alt werden, andere sterben schon nach fünfzig Jahren. Das hat die Natur so eingerichtet.

Kranke Bäume sterben noch früher. Doch wovon werden sie krank? Sie können sich genau wie wir Menschen anstecken: mit Krankheitserregern und Pilzen.

Manchmal fressen auch Raupen die Blätter ab und Käfer das Holz unter der Rinde. Rehe knabbern an den jungen Trieben. Dann wird der Baum krank und kann davon sterben.

Am meisten zu leiden haben die Bäume aber unter den Menschen.

Wenn die Erde um einen Baum herum mit Beton zugedeckt wird, dann bekommt der Baum nicht mehr genug Wasser. Bäume brauchen auch saubere Luft für ihre Blätter. Wenn aber die Luft voll von Autoabgasen und Rauch aus den Fabriken ist, dann bekommen die Bäume nicht mehr genug reine Luft. Das kann sie so krank machen, dass sie vertrocknen.

Verdorrte Bäume sehen traurig aus. Sie spenden keinen Schatten mehr, sie geben uns nichts mehr von ihrer guten Luft ab, sie halten das Wasser nicht mehr im Boden fest.

Kranke Bäume können leichter durch Feuer oder Sturm zerstört werden. Wenn ganze Wälder sterben, dann geht es auch dem Menschen schlecht. Denn die Menschen brauchen den Wald zum Leben.

1 Nur zwei Sätze sind richtig:
- a. Kranke Bäume werden älter als gesunde Bäume.
- b. Die Bäume haben am meisten unter den Menschen zu leiden.
- c. Bäume brauchen schmutzige Luft für ihre Blätter.
- d. Bäume können sich mit Krankheitserregern anstecken.

2 Was kann Bäume krank machen? Notiere dir Stichwörter dazu.

Tiere im Wald

Waldameisen kannst du auf dem Waldboden entdecken. Sie suchen nach Nahrung und Baumaterial für ihren Ameisenbau. Die roten Waldameisen ernähren sich von Insekten, Larven, Raupen und Spinnentieren. Sie melken die Blattläuse und sammeln ihren süßen Honigtau. Damit füttern sie dann auch ihre Jungen. Die roten Waldameisen fressen den Saft von den Bäumen und Früchten.

Rehe sind scheue Tiere. Wenn du Rehe siehst, musst du also besonders leise sein. Sie durchwandern das Waldgebiet in der Nacht, wenn sie ungestört sind. Das Fell ist im Sommer kräftig rotbraun, im Winter graubraun oder dunkelbraun. Rehe sind Pflanzenfresser. Sie fressen Gras, Kräuter und junge Laubbäume, aber auch Wald- und Feldfrüchte.

Eichelhäher warnen alle Waldbewohner mit lauter Stimme. Das laute „Rrääh, rrääh“ kannst du im Wald oft hören. Im Herbst sammeln sie Eicheln und verstecken sie überall im Wald. Sie finden aber im Winter nicht alle Verstecke wieder. Aus den restlichen Eicheln wachsen neue Bäume.

Wildschweine sieht man selten im Wald. Erst in der Dämmerung kommen sie hervor und suchen Futter. Hungrige Wildschweine graben mit ihren Rüsseln im Waldboden. Sie fressen Pflanzen, Samen, Schnecken, Würmer und Insekten. Sie sind Allesfresser. Am durchwühlten Waldboden kannst du erkennen, dass Wildschweine da waren.

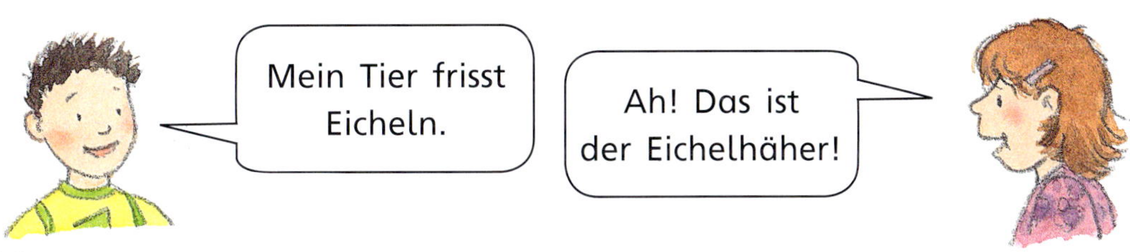

1 Spielt das Frage-Antwort-Spiel weiter:
Mein Tier ...

2 Sucht in einem Kinderlexikon weitere Sachtexte zu Waldtieren. Gestaltet ein Plakat dazu und stellt es vor.

Der Pflaumenbaum

Bertolt Brecht

Im Hofe steht ein Pflaumenbaum
Der ist klein, man glaubt es kaum.
Er hat ein Gitter drum
So tritt ihn keiner um.

Der Kleine kann nicht größer wer'n.
Ja größer wer'n, das möcht er gern.
's ist keine Red davon
Er hat zu wenig Sonn.

Den Pflaumenbaum glaubt man ihm kaum
Weil er nie eine Pflaume hat
Doch er ist ein Pflaumenbaum.
Man kennt es an dem Blatt.

(1) Male ein Bild von dem Pflaumenbaum.
Du kannst auch dazu schreiben.

(2) Warum hat der Baum wohl nie eine Pflaume?

- Texte illustrieren
- Zentrale Aussagen erfassen und wiedergeben

▶ Lern-Werkstatt: Seite 151

Hör-CD: Nr. 8

So leben die Bäume in der Stadt

Christina Björk

Bäume, die an Fußwegen und Straßen wachsen,
leben nicht so lange wie Parkbäume.
Sie werden höchstens 50 bis 80 Jahre alt.
Ohne Bäume wäre eine Stadt sehr traurig,
denn Bäume sind für vieles gut:

- als Wohnung (für Vögel, Eichhörnchen usw.)
- zum Klettern
- zum Drunterausruhen
- zum Auffrischen der Stadtluft
- zum Bestimmen der Jahreszeit.

Und dann sind Bäume
auch noch hübsch anzusehen.
Ja, wir müssen unsere Bäume schützen.
Auch die kleinen,
sonst gibt es keine großen Bäumen mehr
für unsere Kinder und Enkelkinder.
Und Urenkel!

1 Wie sieht eine Stadt ohne Bäume wohl aus?

2 Wie viele Bäume siehst du auf deinem Schulweg?

3 Wieso kannst du an einem Baum die Jahreszeit erkennen?

Der Apfelbaum

Lene Mayer-Skumanz

Mikiko ist eine kleine Japanerin. Sie schreibt nicht mit der Füllfeder, sondern mit dem Pinsel. Sie isst nicht mit Messer und Gabel, sondern mit zwei dünnen Stäbchen. An Festtagen trägt sie ein langes, gesticktes Kleid mit weiten Ärmeln. Mikiko hat einen besonderen Freund. Der Freund kann nicht reden, nicht rufen, nicht lachen. Er hat kein Gesicht. Aber er ist immer für Mikiko da: der große Apfelbaum im Garten. Im Frühling streut er weiße Blüten in Mikikos schwarzes Haar. Im Sommer hüllt er sie in seinen grünen Schatten. Im Herbst schenkt er Mikiko seine roten, süßen Äpfel. Im Winter – oh, im Winter hat er nichts, was er Mikiko schenken kann. Seine Zweige sind arm und leer. „Mein lieber Apfelbaum!", ruft Mikiko. „Wie traurig schaust du aus!" Sie nimmt Papier und Schere. Sie faltet und schneidet und arbeitet. Sie faltet zarte Blüten. Sie faltet bunte Vögel. „Apfelbaum, jetzt hab ich ein Geschenk für dich!" Mikiko stellt sich auf die Zehenspitzen. Sie setzt die bunten Vögel auf die Zweige. Sie hängt Blüten an die kahlen Äste. Mitten im Schnee trägt der Apfelbaum seinen fröhlichen Schmuck. Mikiko freut sich. „Jetzt bist du wieder schön!"

Ideenkiste

Ein Baumheft anlegen

1. Lege dir ein Heft an.
   Du kannst …
   - ein Foto auf den Umschlag des Baumheftes kleben.
   - Blätter oder Früchte pressen und einkleben.
   - die Rinde mit einem weichen Stift durchrubbeln.

2. Sammle Fragen über deinen Lieblingsbaum, zum Beispiel:
   - Wie heißt mein Baum?
   - Ist es ein Laubbaum oder ein Nadelbaum?

3. Suche die Antworten zu deinen Fragen und schreibe sie in dein Baumheft.
   Du kannst …
   - einen Erwachsenen fragen.

Das ist ein Ahornblatt. Du kannst es an den Zacken erkennen.

Kennen Sie dieses Blatt? Von welchem Baum kann es wohl sein?

   - im Internet nach Informationen suchen: zum Beispiel bei www.blinde-kuh.de
   - in Sachbüchern nachlesen.

Miteinander leben

Manuela Olten: Wahre Freunde

(1) Wahre Freunde streiten sich nie, oder?
Was meinst du?

- Über eigene Gefühle und Gedanken sprechen

Wann Freunde auch noch wichtig sind

Georg Bydlinski

Freunde sind wichtig
zum Rudern und Reiten,
Freunde sind wichtig
zum Freunde-Begleiten,

Freunde sind wichtig
zum Aufgabenmachen,
Freunde sind wichtig
zum Weinen und Lachen,

Freunde sind wichtig
zum Träumen und Reden,
Freunde sind einfach
wichtig für jeden!

1. Wann ist für dich ein Freund oder eine Freundin besonders wichtig?

2. Schreibe das Gedicht auf ein Schmuckblatt.
Du kannst es jemandem schenken.

3. Lerne das Gedicht auswendig.
Trage es in der Klasse vor.

4. Schreibe selbst:
Freunde sind wichtig
...

Petra

Marianne Kreft

Das macht Petra, wenn sie sich
mit Steffen an-freundet:
Sie lächelt Steffen an.
Sie legt ihren Arm um Steffen.
Sie hält Steffen an der Hand.
Sie macht Steffen den Ranzen zu.
Sie setzt sich ganz nah zu Steffen.

Das macht Petra, wenn sie sich
von Steffen ab-freundet:
Sie dreht Steffen den Rücken zu.
Sie guckt Steffen bös an.
Sie streckt Steffen die Zunge raus.
Sie lacht Steffen aus.

1. Spielt die Geschichte nach.
2. Warum hat Petra sich wohl von Steffen abgefreundet? Was könnte da passiert sein?

3. Was macht Steffen, wenn Petra sich von ihm abfreundet?
4. Überlege:
   Darum freunde ich mich mit jemandem an.
   Darum freunde ich mich wieder von jemandem ab.

Beste Freundinnen

Nadine Scheer

Ida, Lina und Charlotte sind beste Freundinnen. Aber heute ist alles irgendwie anders. Auf dem Weg zur Schule musste Charlotte rennen, um Ida und Lina noch einzuholen. Den ganzen Schulweg über haben die beiden getuschelt. Charlotte ist traurig.

Als es zur großen Pause klingelt, laufen Lina und Ida einfach aus der Klasse. Immer wieder stecken die beiden die Köpfe zusammen, flüstern und lachen. Auf dem Schulhof sitzt Charlotte allein auf der Schaukel. Sie fängt an zu weinen.

Da kommen Lina und Ida zu ihr gelaufen. Sie wollen wissen, was los ist. Charlotte sagt mit zittriger Stimme: „Den ganzen Tag beachtet ihr mich gar nicht!" Ida und Lina fangen an zu lachen. „Wir planen doch eine Geburtstagsüberraschung für dich!"

„Und ich dachte schon, ihr wollt nichts mehr von mir wissen!", sagt Charlotte. „Auf keinen Fall!", rufen Lina und Ida.

1 Was macht Charlotte so traurig?

2 Wie hättest du dich an Charlottes Stelle verhalten?

3 Hast du auch schon einmal so etwas erlebt? Schreibe deine Geschichte auf.

▶ Lern-Werkstatt: Seite 150

Von dem Jungen, vor dem alle Angst hatten

Elisabeth Stiemert

In der Dreierlei-Straße wohnte ein Junge, vor dem alle Angst hatten. Der Junge wohnte hier noch nicht lange. Er war größer als die anderen Kinder und er saß auf der Treppe vor seinem Haus einfach so da. Jeden Tag saß der Junge da auf der Treppe und er machte meistens ein böses Gesicht. Sonst machte er nichts. Manchmal spuckte er allerdings, aber nur auf die Straße. Manchmal pfiff er auch laut. Er steckte zwei Finger in seinen Mund und pfiff dann wirklich ganz laut. Manchmal boxte er auch in die Luft. Mit zwei Fäusten boxte er vor sich hin, als ob jemand da wäre, den er so boxte. Aber er saß immer auf der Treppe dabei. Trotzdem hatten die anderen Angst.

Wenn die Kinder aus der Dreierlei-Straße einkaufen mussten, gingen sie nicht an dem Jungen vorbei. Sie gingen hinüber auf die andere Seite der Straße. Und wenn der Junge zu ihnen hinsah, liefen sie schneller.

Manche glaubten, der Junge hätte ein Messer. Manche glaubten auch, er nehme ihnen das Geld, das sie zum Einkaufen brauchten, und Spielsachen machte er sicher kaputt. Ein Junge, der immer so böse guckte, machte sicherlich alles kaputt. Und bestimmt haute er kleinere Kinder.

Einmal kam ein Kind zu Besuch in die Dreierlei-Straße, und nach dem Kaffeetrinken kam das Kind heraus. Es hatte seinen Ball mitgebracht und wollte sehr gerne spielen. Das Kind ging mit dem Ball zu dem Jungen. Es wusste ja nicht, dass die anderen vor ihm Angst hatten.

„Wollen wir spielen?“, fragte das Kind diesen Jungen. Der Junge guckte erstaunt. Dann stand er auf von der Treppe und lachte. „Los“, sagte der Junge, „wir spielen Torschießen!“ Die anderen Kinder aus der Dreierlei-Straße sahen sich an, wie der Junge mit dem fremden Kind spielte. Sie standen weit weg. Aber sie sahen, dass der Junge auch lachte. „Vielleicht hat der Junge kein Messer“, dachten sie jetzt. „Vielleicht nimmt er kein Geld weg.“ „Vielleicht macht er auch gar nichts kaputt und sicherlich haut der Junge auch keinen.“ Morgen wollten sie ihn fragen, ob er Lust hätte, mit ihnen zu spielen.

1. Was macht der Junge auf der Treppe?
   Was machen die anderen Kinder?

2. Was denken die Kinder über den Jungen?

3. Spielt die Geschichte nach.

4. Warum denken die Kinder am Ende anders
   über den Jungen?

Kleine Häuser, große Türme

1. Schau dir das Bild ganz genau an.
   - Was machen die einzelnen Personen?
   - Was möchtest du noch über sie wissen?

2. Lies den Text auf der nächsten Seite.

- Einem Bild Informationen entnehmen
- Gezielt nachfragen

Ein Baumhaus wird gebaut

Paul Tosbat

Lisa und Finn wünschen sich schon so lange ein Baumhaus. Hinten im Garten gibt es einen großen Apfelbaum. Er hat starke Äste und bietet genügend Platz für ein Baumhaus. Seit Wochen haben die Kinder bei den Nachbarn altes Baumaterial gesammelt. Papa hat dazu noch einige neue Balken und Bretter gekauft.

Heute ist Samstag und der Bau kann beginnen! Zuerst hat Mama zwei Balken als Stützen direkt am Baum befestigt. Jetzt steht Papa auf der Leiter. Er hat eine Säge in der Hand und nagelt Bretter auf die Balken und Äste. Die Bretter sind schon der Fußboden des Baumhauses. Lisa reicht ihm einen Nagel. Finn steht im Baum auf einem Ast und misst mit einer Schnur aus, wie lang das nächste Brett werden soll. Mama sägt ein Brett auf die richtige Länge.

Eben kommt Opa. Er stellt eine große Schüssel Kartoffelsalat und Würstchen auf den Gartentisch. Er hat das Picknick vorbereitet und will auch beim Bauen mithelfen.

1. Was ist in dem Bild anders als im Text?
   Klebt an die falschen Stellen im Bild Klebezettel.
   Sprecht darüber.
   Vier Unterschiede könnt ihr im Text finden.

2. Hast du schon einmal etwas gebaut?
   Male dein Bauwerk oder schreibe eine Geschichte dazu.

Das Baumhaus

Erwin Moser

In diesem Baumhaus wohnt ein Einsiedler.
Wenn die Sonne scheint, legt er sich in das Bett
auf der Spitze des Baumes.
Wenn es regnet, kriecht er in die Baumhütte.
Wenn es schneit, legt er sich in das Baumnest,
und wenn ein Sturm aufkommt,
bewohnt der Einsiedler den hohlen Baumstamm.

Vor zwei Jahren tobte in dieser Gegend ein fürchterlicher Wirbelsturm. Der Einsiedler bewohnte damals nur den hohlen Baumstamm. Sobald der Sturm aufkam, schlüpfte der Einsiedler rasch in den Baumstamm und schloss die Tür und das Fenster ganz fest zu. Dort war er sicher. Der Baum ächzte und stöhnte zwar unter der Wucht des Sturmes, aber er blieb stehen.

Als der Wirbelsturm vorüber war und der Einsiedler den Baum verlassen konnte, da machte er eine seltsame Entdeckung: Auf der Spitze des Baumes hing ein Bett, und in den anderen Ästen hatte sich sogar eine ganze Hütte festgeklemmt. Und in der Mitte des Baumes hatte sich ein riesiges Vogelnest verfangen.

So entstand dieses Baumhaus.

1 Schaut euch zuerst einmal das Baumhaus genau an. Aus welchen Teilen besteht es?

2 Wo findest du den Einsiedler …
- bei Sonne,
- bei Regen,
- bei Schnee,
- bei Sturm?

3 Wie ist das Wetter wohl gerade auf dem Bild?

4 Was ist bei dem Sturm vor zwei Jahren passiert?

Wo wir wohnen

Merle

Ich wohne mit meinen Eltern
in einem Hochhaus oben im 12. Stock.
Von unserem Balkon
sehen die Menschen und die Autos
unten auf der Erde ganz klein aus.
Und ich sehe sogar unsere Schule
und den Sportplatz.
Früher musste mich immer jemand bis unten
an die große Tür bringen,
wenn ich auf den Spielplatz vor dem Haus wollte.
Jetzt darf ich den Fahrstuhl schon allein benutzen.
Meine Freundin Mia wohnt im 7. Stock.
Wir gehen zusammen zur Schule und zum Judotraining.

Wir wohnen in einem Haus mit Garten.
Auf der Wiese stehen
ein Klettergerüst mit einer Schaukel
und der Stall mit den Meerschweinchen
von meinem Bruder und mir.
Fußballspielen dürfen wir auf der Wiese nicht.
Opa will nicht, dass wir seine Pflanzen kaputt machen.
Aber der Fußballplatz ist in unserem Dorf nicht weit weg.
Da kicken wir oft. Morgens gehe ich allein
zur Haltestelle vom Schulbus.
Mit dem Bus fahre ich dann in meine Schule.
Mein Freund wohnt in einem anderen Dorf.
Wenn ich den besuchen will,
bringt mich Mama mit dem Auto hin.
In ein oder zwei Jahren darf ich ihn
allein mit dem Fahrrad besuchen.

Anton

Vor drei Monaten sind wir an den Stadtrand gezogen.
Unsere neue Wohnung liegt im 2. Stock.
Über uns wohnt noch eine andere Familie.
Alles hier ist neu gebaut worden:
die Häuser, die Straßen und die Schule.
Von meinem Fenster aus sehe ich Wiesen und Felder.

Aylin

Unser Fußballverein ist jetzt weit weg,
Mama oder Papa müssen meine Brüder
und mich mit dem Auto zum Training bringen.
Hier im Haus wohnen noch mehr Kinder.
Einige kenne ich schon,
weil wir zusammen zur Schule gehen.
Hoffentlich ist der Spielplatz bald fertig,
dann können wir dort spielen.
Darauf freue ich mich schon.

1 Wie sehen wohl die Häuser aus, in denen Merle, Anton und Aylin wohnen? Malt sie auf.

2 Und wo wohnt ihr? Malt euer Haus dazu.

3 Wie kommen die drei Kinder zur Schule?

4 Wie würdest du gerne wohnen?
Schreibe es auf und male ein Bild dazu.

- Gezielt Informationen in einem Text suchen

► Lern-Werkstatt: Seite 146

Aus einem Lexikon

Türme sind sehr hohe Gebäude. Überall auf der Welt werden sie gebaut. Es gibt ganz verschiedene Türme. Jeder Turm hat einen besonderen Zweck.

Der große Turm auf Burgen heißt Burgturm. Von seiner Spitze hat man einen weiten Blick ins Land. So konnten die Burgbewohner rechtzeitig sehen, wenn ein Feind heranzog. Wurde die Burg von Feinden erstürmt, zogen sich die Burgbewohner in den Turm zurück.

Der Kirchturm ist ein Teil der Kirche. Oben im Kirchturm hängen die Glocken. So kann man das Läuten überall gut hören. Früher waren Kirchtürme die höchsten Gebäude im Dorf oder in der Stadt.

Der Leuchtturm steht an der Küste. Bei Dunkelheit sendet er ein Lichtsignal von seiner Spitze.

1 Schreibe die Wörter auf, die du nicht verstehst. Lass sie dir erklären.

2 Wie viele Türme kommen im Text vor?

Mit moderner Technik und neuen Baustoffen können die Menschen heute noch viel höhere Türme bauen als in früheren Zeiten. Manche Hochhäuser sind über 400 Meter hoch. Solche Türme nennt man Wolkenkratzer.

Von einem Fernsehturm werden Funkwellen für Fernsehen und Radio gesendet. Damit die Funkwellen weit reichen, müssen die Türme sehr hoch sein. Es gibt Fernsehtürme, die sind über 500 Meter hoch.

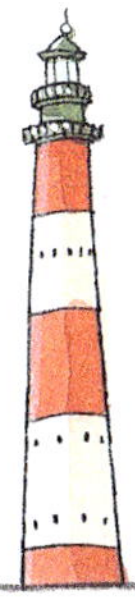

3 Vier Türme aus dem Text sind hier abgebildet. Welche sind es? Welcher Turm fehlt?

4 Welche Türme kennst du noch?

- Unbekannte Wörter klären
- Fragen zum Text beantworten

▶ Lern-Werkstatt: Seite 144

Was Tom gemacht hat

Aliki

Was Peter gemacht hat

Aliki

1 Was würdest du an Toms Stelle tun?

Ein tolles Spiel

Wolfgang Menzel nach Robert Louis Stevenson

Wir bauten ein Schiff auf dem Treppenflur
mit Trittleiter, Stühlen, Matratze und Schnur.
Wir stopften es mit Kissen aus
und wollten damit aufs Meer hinaus.

Wir hatten Handwerkszeug in den Taschen,
auch Wasser war da in großen Flaschen.
Und Tom rief: „Kekse brauchen wir auch!
Kein Seemann segelt mit leerem Bauch!“
So konnten wir für viele Stunden
auf Segeltour die Welt umrunden.

Wir segelten, ruderten, sangen viel,
was war das für ein tolles Spiel!
Doch Tom tat sich weh, er fiel von der Leiter.
So segelte ich alleine weiter.

1. Wie stellst du dir dieses Schiff vor?
Male ein Bild zu diesem Gedicht.

2. Schreibe eine Geschichte von so einem Spiel.
Du kannst auch am Computer schreiben.

Ideenkiste

Einen Turm aus Schachteln bauen

Sammle verschieden
große Pappschachteln.
Baue die Schachteln
der Größe nach auf,
sodass ein Turm entsteht.

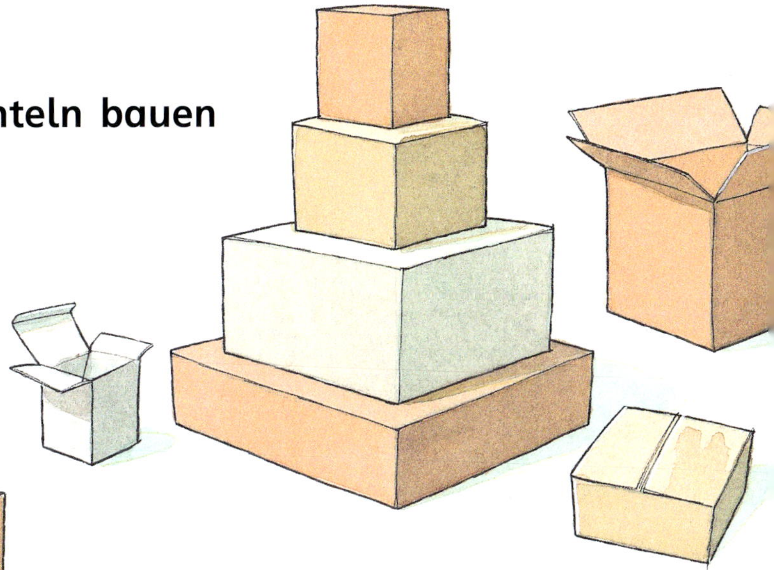

Schneide mit der Schere
Fenster und Türen ein.
Danach kannst du
die Schachteln festkleben.

Bemale deinen Turm
mit Farben.
Türen und Fenster können
verschiedene Farben bekommen.
Du kannst auch Steine aufmalen.

Bücher, Bücher

Lesen überall

(1) Wer liest und wer liest nicht?

2 Und wo liest du?

Küchendienst

Anne Steinwart

Papa fängt an zu spülen.
Jule soll abtrocknen.
„Ich muss mal eben“, sagt sie
und holt heimlich ein Buch aus ihrem Zimmer.

Damit flitzt sie aufs Klo und lässt es sich gut gehen.
Lesen ist spannender als abtrocknen!
Jule liest und liest …

Bis Papa an die Tür klopft.
„Jule! Küchendienst!“
„Es dauert noch ein bisschen“, antwortet Jule.
„Vielleicht habe ich Durchfall.“
„Was heißt: vielleicht?“, fragt Papa.
„Ja oder nein?“
„Neinnn“, sagt Jule und seufzt
und steckt das Buch ins Regal
zwischen die Handtücher.

Dann verlässt sie den gemütlichen Ort.
„Mogelvogel“, sagt Papa
und wedelt mit dem Geschirrtuch.
„Ich musste wirklich“, beteuert Jule.
„Ganz ehrlich!“
„Na klar“, sagt Papa.
„Aber ein Mogelvogel bist du trotzdem.
Stimmt's?“
„Vielleicht“, sagt Jule und grinst
und fängt an zu arbeiten.

(1) Mogelvogel? Warum nennt Papa Jule so?

Das schönste Ei der Welt

Helme Heine

Es waren einmal drei Hühner –
Pünktchen, Latte und Feder,
die stritten sich, wer die Schönste von ihnen sei.
Pünktchen besaß das schönste Kleid.
Latte hatte die schönsten Beine.
Und Feder trug den schönsten Kamm.

Weil sie sich nicht einigen konnten, beschlossen sie,
den König um Rat zu fragen.
„Es kommt auf die inneren Werte an“, sagte der König.
„Wer das schönste Ei legt,
soll gewinnen und Prinzessin werden.“
Er ging hinaus in den Park,
und alle Hühner seines Königreiches folgten ihm.

Pünktchen fing als Erste an zu gackern. Vorsichtig hockte sie sich mit ihrem schönen Kleid ins nasse Gras. Es dauerte nicht lange, da erhob sie sich und trat zur Seite.

Alle waren sprachlos. So etwas hatten sie noch nie gesehen: Vor ihnen lag ein schneeweißes, makelloses Hühnerei, ohne jede Druckstelle, mit einer Schale wie polierter Marmor. „Vollkommener geht es nicht!“, rief der König – und alle, alle nickten. Als Latte zu gackern begann, bedauerten sie alle. Ein vollkommeneres Ei konnte man nicht legen, das war unmöglich.

Aber nach zehn Minuten erhob Latte sich erleichtert, und ihr Kamm leuchtete in der Morgensonne.

Der König klatschte vor Freude laut in die Hände: Vor ihm lag ein Hühnerei, so groß und schwer, dass selbst ein Vogel Strauß neidisch geworden wäre. „Größer geht es nicht!“, rief der König – und alle, alle nickten.

Während sie noch nickten, hockte sich Feder hin.
Alle bedauerten sie sehr,
denn ein vollkommeneres oder ein größeres Ei
konnte sie nicht legen.
Das war undenkbar.
Feder gackerte kaum. Es war ihre Art:
Bescheiden, mit niedergeschlagenen Augen saß sie da.
Dann stand sie auf.
Vor ihnen lag ein viereckiges Hühnerei,
von dem man in hundert Jahren
noch erzählen wird.

Die Kanten waren
wie mit dem Lineal gezogen,
jede Fläche leuchtete
in einer anderen Farbe.
„Fantastischer geht es nicht!“,
rief der König – und alle, alle nickten.

Es war unmöglich zu sagen, welches Ei das schönste war.
Auch der König wusste es nicht.
So kam es, dass alle drei Prinzessin wurden:
Pünktchen, Latte und Feder.
Und wenn sie nicht gestorben sind,
dann legen sie noch heute.

1 Wie hättet ihr euch als König entschieden?
Begründet eure Entscheidung.

2 Die Geschichte könnt ihr auch spielen.
- Wer spielt alles mit?
- Überlegt euch, was ihr alles braucht und wie ihr euch verkleiden könnt.

Jahreszeiten, Feste und Feiern

Die Jahreszeiten

Unbekannter Verfasser

Es war eine Mutter,
die hatte vier Kinder,
den Frühling, den Sommer,
den Herbst und den Winter.

Der Frühling bringt Blumen,
der Sommer bringt Klee,
der Herbst, der bringt Trauben,
der Winter bringt Schnee.

(1) Welche Kinder passen zu welcher Jahreszeit?

(2) Welche Bäume gehören zu welchen Jahreszeiten?

(3) Welche Monate gehören zur welcher Jahreszeit?
März, April, Mai – Dezember, Januar, Februar –
September, Oktober, November – Juni, Juli, August

Frühling: … Sommer: … Herbst: … Winter: …

(4) Alle Frühlingskinder, Sommerkinder, Herbst- und Winterkinder stellen sich in Gruppen zusammen.

(5) Dichtet die zweite Strophe des Gedichtes um.
Hier sind Wörter dafür.
Der zweite und der vierte Vers sollen sich reimen.

Der Frühling bringt …,
der Sommer bringt …,
der Herbst, der bringt …,
der Winter bringt …

Stürme Eis Most
Eicheln Blüten
Knospen Frost Schweiß

Die Stare sind da

Siegfried von Vegesack

Noch bläst der Wind von Norden her,
von Grönland und vom Weißen Meer,
die Wolken gehen tief und schwer
voll Schnee –
soso!

Doch plötzlich sind die Stare da,
die schwatzen, lachen laut: Haha,
der Frühling kommt! Er ist ganz nah!
Hehe! Hurra!
Hoho!

Die Stare sind bestimmt nicht dumm,
sie sind vergnügt und voll Gesumm,
sie wissen ganz genau, warum!
Der Wind dreht um!
Sei froh!

Und kommt der Wind von Süden her,
von Afrika, vom blauen Meer,
dann ist das Leben nicht mehr schwer –
es sei denn für den weißen Bär
im Zoo.

▶ Lern-Werkstatt: Seite 151

Hör-CD: Nr. 18

Zugvögel

Manche Vögel bleiben im Winter
bei uns im Lande,
wie zum Beispiel die Spatzen.
Anderen Vögeln ist es dann aber hier zu kalt.
Sie ziehen im Herbst in wärmere Länder
und kommen erst im Frühjahr wieder zurück.
Solche Vögel nennt man Zugvögel.
Die Stare kommen zum Beispiel
im Frühjahr zu uns aus dem Süden zurück
und haben dann eine weite Reise hinter sich.
Wenn es bei uns wärmer wird,
bauen sie sich ihre Nester in Baumhöhlen.
Und dann brüten sie ihre Jungen aus.
Das gibt ein lustiges Gezwitscher.
Die Menschen erfreuen sich
an den vielen Vogelstimmen,
die sie im Frühjahr hören können.

Ostern

Ursula Schwarz

Ostern wird immer an einem Sonntag gefeiert. Und immer ist Ostern im Frühling.

Es gibt eine Regel für den Ostertag: Ostern ist am ersten Sonntag nach dem Vollmond nach dem Frühlingsanfang. Und Frühlingsanfang ist am 20. oder 21. März.

Christen feiern zu Ostern die Auferstehung von Jesus Christus. Ganz wichtig für Ostern sind das Osterei und der Osterhase. Ostereier sind in vielen Ländern ein Zeichen für neues Leben, weil aus Eiern ja neues Leben entsteht. Vor Ostern werden die Eier bunt angemalt. Kinder bauen Osternester für die bunten Eier. Am Ostermorgen suchen sie diese Eier. Niemand weiß genau, woher der Osterhase kommt. Jedenfalls kann man im Frühling auf dem Lande oft Hasen beobachten, wie sie über die Felder hoppeln.

Für das Osterfest wird auch gebacken. Da gibt es Osterzöpfe und Osterlämmer aus Hefeteig. Ostern ist ein frohes Fest.

„Frohe Ostern!“, rufen die Menschen sich gegenseitig zu, wenn sie sich am Ostertag begegnen.

1 Was habt ihr aus diesem Text behalten? Erklärt euch, was ihr nicht verstanden habt.

2 Erzählt, wie ihr bei euch zu Hause Ostern feiert.

- Altersgemäße Texte sinnverstehend lesen
- Gezielt nachfragen

▶ Lern-Werkstatt: Seite 144

Mein kleiner Bruder

Gabi (Schülerin)

Ich habe einen kleinen Bruder.
Der bekommt zu Ostern immer so viel wie ich.
Aber er bewahrt seine Sachen viel länger auf.
Einmal hatte ich schon alles aufgegessen,
und er hatte noch ein ganzes Nest voller Hasen.
Die waren in buntem Papier eingewickelt.
Da habe ich heimlich bei einem Hasen
das Papier unten geöffnet
und ein Stück Schokolade abgebissen.
Dann habe ich das Papier wieder zugemacht.
Am nächsten Tag habe ich auch noch die anderen Hasen
von unten angebohrt.
Ein schlechtes Gewissen hatte ich dabei nicht,
weil mein kleiner Bruder nichts gemerkt hat.
Wenn er es gemerkt hätte … dann vielleicht schon!

1. Was hat Gabi getan?
   Warum hat der kleine Bruder eigentlich nichts bemerkt?
   Was ist ein schlechtes Gewissen?

2. Das Gespräch über Gabi könnt ihr spielen.
   Ihr könnt auch spielen, dass der kleine Bruder die angebissenen Osterhasen findet.

Löwenzähne

Philipp Günther

Auf der Sommerwiese blüht
Kopf an Kopf der Löwenzahn.
Weißt du, wie die gelbe Blume
zu dem schönen Namen kam?

Auf dem Stiel das Blütenhaupt:
goldne Löwenmähne.
Grün die Blätter, scharf gezackt:
spitze Löwenzähne.

Barfuß durch die Wiese gehn
und durch Löwenzähne tappen.
Doch pass auf, dass sie dir nicht
nach den Zehen schnappen!

Löwenzahn – Pusteblume

Der Löwenzahn hat seinen Namen von den gezackten Blättern, die wie Zähne aussehen. Und weil seine Blüte so schön gelb ist, erinnert sie an die Mähne eines Löwen. Wenn die Blüte verblüht ist, bekommt sie weiße Schirmchen. An ihnen hängen die schwarzen Samenkörner. Der Wind pustet die kleinen Schirmchen weg. Sie fliegen weit über die Wiese. Und im nächsten Jahr werden daraus neue Löwenzahnpflanzen.

Sommerregen, Sommersonne

Barbara Rhenius

Im Sommer, wenn es regnet,
Was für ein schönes Wetter!
Dann tropft es in das Fass.
Die Sonne scheint so heiß.
Und unsre ganze Straße
Wird überall ganz nass.
Ich gehe gleich zum Kiosk
Und kaufe mir ein Eis.

Im Sommer, wenn es regnet,
Die Sonne scheint vom Himmel,
Wir gehen aus dem Haus.
Da bleiben wir zu Haus.
Wir wollen barfuß laufen
Und lachen aus der Stube
Das schlechte Wetter aus.
Und ziehn die Strümpfe aus.

1 Lies dir die beiden Strophen leise durch.

2 Lest das Gedicht über die Sommersonne vor und dann das Gedicht über den Sommerregen.

3 Suche dir eines der beiden Gedichte aus und schreibe es auf.
Du kannst auch ein Bild dazu malen.

Der Herbst steht auf der Leiter

Peter Hacks

Der Herbst steht auf der Leiter
Und malt die Blätter an,
Ein lustiger Waldarbeiter,
Ein froher Malersmann.

Er kleckst und pinselt fleißig
Auf jedes Blattgewächs,
Und kommt ein frecher Zeisig,
Schwupp, kriegt der auch nen Klecks.

Die Tanne spricht zum Herbste:
Das ist ja fürchterlich,
Die andern Bäume färbste,
Was färbste nicht mal mich?

Die Blätter flattern munter
Und finden sich so schön.
Sie werden immer bunter.
Am Ende falln sie runter.

- Texte sinngestaltend vorlesen
- Gezielt nachfragen

- Hör-CD: Nr. 23

Nebel

Ernst Kreidolf

Ich stehe am Fenster und schaue hinaus.
Seht doch: Verschwunden ist Nachbars Haus.
Sagt: Wo die Straße, wo der Weg,
wo sind die Häuser, wo der Steg?
Der Nebel bleibt hängen, hält alles versteckt,
hat Straßen und Häuser ganz zugedeckt.

Wie Nebel entsteht

Manchmal kannst du es selbst erfahren: Du atmest die Luft aus, und wenn es draußen kalt ist, bildet sich eine kleine Nebelwolke vor deinem Mund. Das ist Wasserdampf, der bei Kälte entsteht. So ist es auch mit dem Nebel. Wenn du an einem kalten Herbsttag an einem Fluss vorbeikommst, dann siehst du eine weiße Nebeldecke darüber liegen. Dieser Nebel kann sich über das ganze Land ausbreiten. Manchmal kannst du die Hand vor den Augen nicht mehr sehen, so dicht ist der Nebel. Doch wenn es dann wärmer wird, geht der Nebel meistens wieder weg.

► Gedichte-Werkstatt: Seite 168

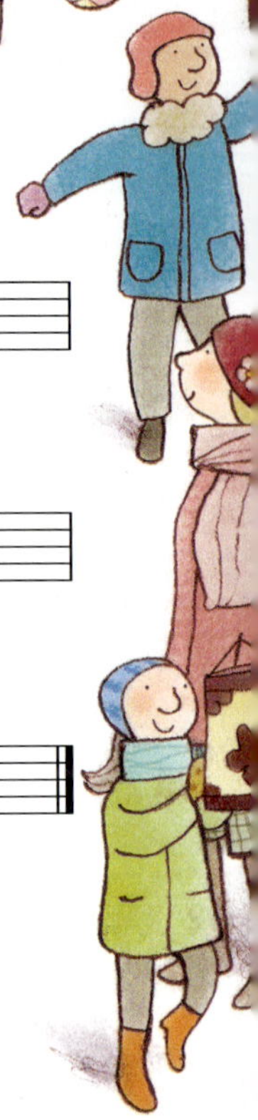

Spiellied vom heiligen Martin

Text: Rolf Krenzer

Melodie: Hans-Werner Clasen

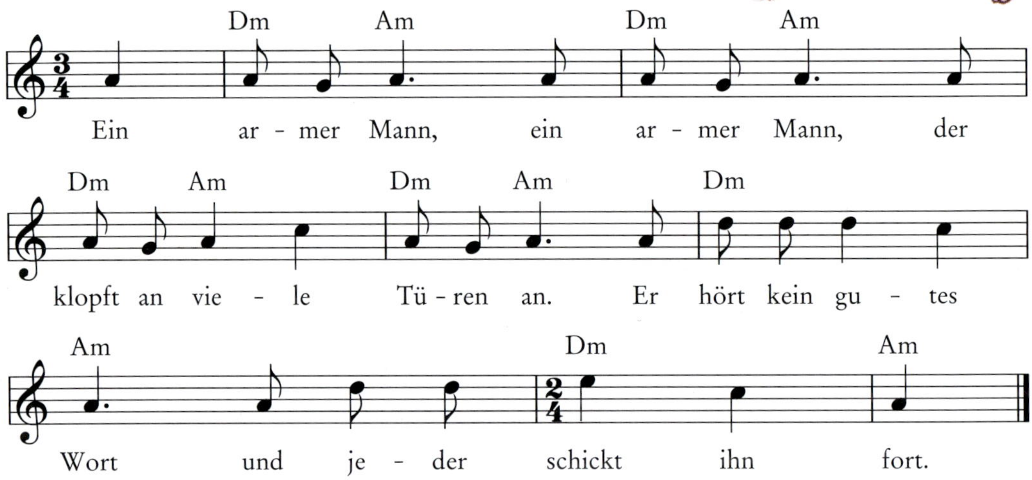

2.
Ihm ist so kalt. Er friert so sehr.
Wo kriegt er etwas Warmes her?
Er hört kein gutes Wort
und jeder schickt ihn fort.

3.
Der Hunger tut dem Mann so weh,
und müde stapft er durch den Schnee.
Er hört kein gutes Wort
und jeder schickt ihn fort.

4.
Da kommt daher ein Reitersmann,
der hält sogleich sein Pferd hier an.
Er sieht den Mann im Schnee
und fragt: „Was tut dir weh?“

5.
Er teilt den Mantel und das Brot
und hilft dem Mann in seiner Not,
so gut er helfen kann.
Sankt Martin heißt der Mann.

6.
Zum Martinstag steckt jedermann
die leuchtenden Laternen an.
Vergiss den andern nicht!
Drum brennt das kleine Licht.

Eine Nikolauslegende

Nacherzählt von Wolfgang Menzel

Den Heiligen Nikolaus hat es wirklich gegeben.
Er war Bischof in Myra, in der Türkei.
Über ihn gibt es viele Geschichten.
Solche Geschichten über Heilige nennt man Legenden.

Vor vielen hundert Jahren gab es in Myra eine große Hungersnot. Besonders die Kinder mussten darunter sehr leiden. Die Menschen hatten auch kein Gold mehr, um bei den Seefahrern etwas kaufen zu können.

Zu dieser Zeit waren einige Seeräuber im Hafen, die hätten den Menschen gern etwas zu essen gegeben. Sie wollten aber dafür die Kinder der Stadt haben, um sie auf ihren Schiffen arbeiten zu lassen.

Bischof Nikolaus wollte das aber nicht. Also holte er alle goldenen Geräte aus seiner Kirche und gab sie den Seeräubern. Dafür erhielt er für die Menschen der Stadt Getreide, sodass sie Brot backen konnten.

Auf diese Weise rettete er die Kinder von Myra. Dafür wird er noch heute als Beschützer der Kinder verehrt.

Der 6. Dezember erinnert an den Heiligen Nikolaus, der den Kindern Geschenke bringt.

Weihnacht

Josef Guggenmos

„Christkind ist da“,
sangen die Engel im Kreise
über der Krippe
immerzu.

Der Esel sagte leise
I-a
und der Ochse sein Muh.

Der Herr der Welten
ließ alles gelten.
Es dürfen auch nahen
ich und du.

Im Weihnachtsstall zu Bethlehem

KNISTER

Im Weihnachtsstall zu Bethlehem,
da war es schrecklich unbequem.

Der Wind blies rau und eisig kalt
durch jeden Tür- und Bretterspalt.

Maria, Josef und das Kind,
die zitterten im Winterwind.

Fünf Schafe kamen von dem Feld
und haben sich dazugesellt.

Schnell rückten alle dicht an dicht,
so fühlte man die Kälte nicht.

Spatzenjanuar

James Krüss

Weiß steht der Wald,
sagen die Spatzen,
und es ist kalt,
sagen die Spatzen.
Doch Eis und Schnee,
sagen die Spatzen,
tun uns nicht weh,
sagen die Spatzen.

Im Federkleid,
sagen die Spatzen,
sind wir gefeit,
sagen die Spatzen.
Doch eins tut not,
sagen die Spatzen:
Ein bisschen Brot,
sagen die Spatzen.

Die drei Spatzen

Christian Morgenstern

In einem leeren Haselstrauch,
da sitzen drei Spatzen, Bauch an Bauch.

Der Erich rechts und links der Franz
und mitten drin der freche Hans.

Sie haben die Augen zu, ganz zu,
und oben drüber, da schneit es – hu!

Sie rücken zusammen dicht, ganz dicht.
So warm wie der Hans hat's niemand nicht.

Sie hör'n alle drei ihrer Herzlein Gepoch.
Und wenn sie nicht weg sind, so sitzen sie noch.

(1) Spielt das Gedicht vor: Einige Kinder lesen den Text.
Drei andere Kinder sitzen vor der Klasse
und spielen ihn nach.

Winter

Wolfgang Menzel

Was im Winter Freude macht?
Schlitten fahren, Schneeballschlacht.
Draußen toben, bis die Ohren
und die Finger rot gefroren.

Mir den Schnee vom Handschuh lecken.
Meine Mutter zu erschrecken
und ihr eine Handvoll Schnee
oben in den Kragen stecken.

Schneemann bauen, Schlittschuh laufen,
durch den Schnee spazieren gehn.
Und es ist besonders schön,
von den riesengroßen Haufen
Schnee ganz schnell hinabzurutschen
auf dem Hintern oder auch
– auf dem Bauch.

- Texte sinngestaltend vorlesen

▶ Lern-Werkstatt: Seite 148

○ Hör-CD: Nr. 26

Winter

Nachgedichtet von der Klasse 2b der Grundschule Theley

Was im Winter Ärger macht?
Nichts als Glatteis, Schneematschschlacht.
Draußen zittern, wenn die Ohren
und die Finger steif gefroren.

Mir die Kleider nass zu machen,
dass die andern Kinder lachen,
und mit hohem Fieber dann
wochenlang das Bett bewachen.

Auszurutschen, hinzufallen,
und es tut ganz furchtbar weh,
auf dem zugefrorenen See
auf das harte Eis zu knallen.
Schuhe, Strümpfe, alles nass,
– so macht Winter keinen Spaß!

1. Ein Kind liest eine Strophe aus dem linken Gedicht.
   Dann liest ein anderes Kind die erste Strophe
   aus dem anderen Gedicht.
   Das eine Kind liest fröhlich und das andere liest traurig.

2. Malt Bilder zu den einzelnen Strophen
   und haltet sie beim Vorlesen in die Höhe.

► Gedichte-Werkstatt: Seite 167

Seltsame Wesen

Andreas Röckener: Erzählbild

1 Stell dir vor, du gehst durch diese Gegend.
Was siehst du?

- Sich an Gesprächen beteiligen
- Eigene Gedanken zu Bildern entwickeln

Besuch

Josef Guggenmos

War ein Ries' bei mir zu Gast,
sieben Meter maß er fast,
hat er nicht ins Haus gepasst,
saßen wir im Garten.

Weil er gar so riesig war,
saßen Raben ihm im Haar,
eine ganze Vogelschar,
die da schrien und schwatzten.

Er auch lachte laut und viel,
und dann schrieb er mir zum Spiel
– Bleistift war ein Besenstiel –
seinen Namen nieder.

Und er schrieb an einem Trumm:
MUTAKIRORIKATUM.
Ebenso verkehrt herum,
ja, so hieß der Gute.

Falls ihr einen Riesen wisst,
dessen Name also ist
und der sieben Meter misst,
sagt, ich lass ihn grüßen!

1 Male den Riesen.
Du kannst dich daneben malen,
damit man erkennt, wie groß der Riese ist.

Der Mondscheindrache

Cornelia Funke

Philipp lag im Bett, starrte zum Fenster hinaus und zählte die Sterne. Da hörte er plötzlich ein leises Rascheln neben seinem Bett. Erschrocken lugte er über den Bettrand. Auf dem Teppich lag das Buch, in dem er vorhin gelesen hatte. Ein Buch über Drachen und Ritter. Es war aufgeschlagen, obwohl Philipp ganz sicher war, dass er es zugeklappt hatte. Seltsam.

Philipp streckte die Hand aus, um es zuzumachen. Da raschelte es wieder. Die weißen Seiten bewegten sich wie von einer unsichtbaren Hand umgeblättert. Philipp hörte ein leises Schnaufen. Erschrocken versteckte er sich unter der Bettdecke. Nur durch einen Spalt lugte er auf das Buch herunter. Das Schnaufen wurde lauter und ein schuppiger Schwanz kam zwischen den Seiten hervor. Dann folgten zwei Pranken, ein silbriger Leib mit Flügeln und Zacken auf dem Rücken – und plumps, rutschte ein Drache aus dem Buch auf Philipps Teppich.

„Oje, oje, oje!", hörte Philipp ihn jammern. „Bei meinen Schuppen, wo bin ich denn nur gelandet?" Mit gespitzten Ohren stand er da und lauschte. Wunderschön sah er aus. Genau so, wie Philipp sich immer einen Drachen vorgestellt hatte. Nur dass der hier kaum größer war als ein Marmeladenglas.

Die Seiten des Buches bewegten sich wieder. Und jetzt hörte man plötzlich das Klappern von Hufen und das Klirren von Eisen. Der Drache zuckte zusammen. „Er kommt!", flüsterte er entsetzt.

(1) Wer kommt da wohl?
Male ein Bild von dem Verfolger.

(2) Schau dir den Buchdeckel oben auf der Seite 124 genau an.
Wie könnte es weitergehen?
Schreibe deine Geschichte auf und lies sie vor.

Zartog aus dem All

Herbie Brennan

Zartog war ein kleines Wesen mit mehreren Armen, riesigen Augen und praktisch überhaupt keiner Nase. Er hatte mehrere Arme, weil er von einem Planeten kam, der um den Stern Sirius im Sternbild Orion kreiste. Und er war klein, weil er erst acht Jahre alt war. Allerdings war Zartog sehr weit für sein Alter. Darum waren seine Eltern auch alle drei bereit, ihn ans Steuer einer fliegenden Untertasse zu lassen.

„Aber dass du mir ja nicht die Geschwindigkeitsbegrenzung übertrittst", warnte ihn seine Mutter. „Mach ich nicht, Mota", versprach Zartog.

„Aber dass du mir ja nicht weiter als bis zum Oriongürtel fliegst", sagte sein Vater. „Mach ich nicht, Pota", versprach Zartog.

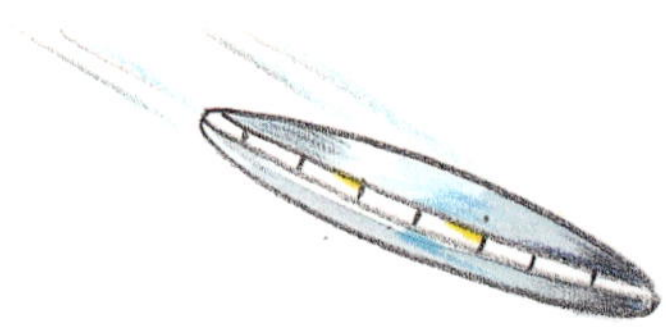

„Und dass du mir vor allem ja nicht den Warp-Antrieb anrührst", grollte sein Grater. „Mach ich nicht, Gota", versprach Zartog.

Er schloss die Tür seines metallisch schimmernden Raumschiffs und schnallte sich im Pilotensitz an. Dann zückte er die Fernbedienung und zeigte damit auf den Computer.

„Abheben“, befahl er. „Hey, klasse, sofort doch, Mann“, sagte der Computer. Mit einem leichten Vibrieren hob die Untertasse ab. Zartogs Eltern winkten ihm alle drei verständnisvoll nach. Zartog winkte kurz zurück, dann wandte er sich an den Computer.

„Sämtliche Geschwindigkeitsbegrenzungen ignorieren“, befahl er. „Hey, klasse, voll frech!“, rief der Computer. Das Maschinengeräusch stieg in den Ultraschallbereich an, als das Raumschiff losschoss und sich der Lichtgeschwindigkeit näherte.

„Oriongürtel passieren“, befahl Zartog. „Hey, klasse, voll abgefahren!“, schrie der Computer. Die Untertasse peilte die Zwillingssonnen des Sirius an und stürzte sich dann pfeilgerade in die Tiefen des Weltalls hinab. Zartog holte tief Luft.

„Warp-Antrieb aktivieren“, befahl er. „Hey, klasse, voll krass!“, seufzte der Computer verzückt. Der Warp-Antrieb rastete ein. Das war ein RIESENfehler.

1 Zeichne zuerst einmal Zartog und seine fliegende Untertasse.

2 Wie heißen die drei Eltern von Zartog?

3 Was soll Zartog auf keinen Fall tun? Und was macht er im Raumschiff?

4 Wie mag die Geschichte wohl weitergehen?

Eine Geschichte zum Fürchten

Magdalena Guirao Jullien

Mama gibt Robert einen Gute-Nacht-Kuss.
„Erzählst du mir noch die Geschichte von der Hexe?
Du hast es mir versprochen!“, bettelt Robert.
„Bist du sicher, Robert“, fragt Mama,
„dass du vorm Einschlafen
noch eine Hexengeschichte hören willst?“
„Ja! Bitte, Mama, erzähl!“

„Es war einmal eine süße Hexe,
die auf einem wunderschönen
rosafarbenen Besen ritt.“

„Nein, nein!“, sagt Robert.
„Wenn sie eine Hexe ist,
dann ist sie böse!
Und ihr Besen ist alt und schwarz!“

„Also gut“, beginnt Mama noch einmal,
„es war einmal eine böse Hexe
mit einem hässlichen
schwarzen Besen.
Sie lebte mit einem
munteren, weißen Kätzchen
in einem prächtigen Schloss …“

„Nein, Mama!“, ruft Robert. „Wenn sie eine Hexe ist, dann ist ihr Schloss gruselig und halb verfallen. Und ihre Katze ist wild und getigert.“

„Also gut“, sagt Mama. „Die Hexe lebte mit ihrer wilden, getigerten Katze in einem gruseligen, halb verfallenen Schloss. An einem sonnigen Morgen ging sie in den Wald, um Beeren zu pflücken. Dort begegnete sie einem Hasen, den sie zum Essen einlud.

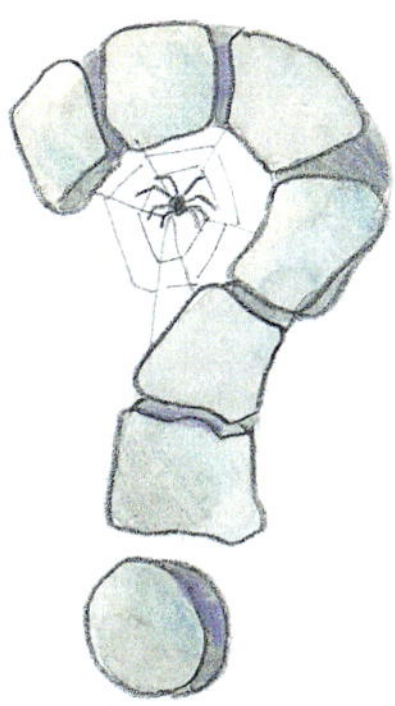

„Aber nein!“, schreit Robert. „Wenn sie eine Hexe ist, dann …“

1. Erzählt die Geschichte gemeinsam weiter.
   Diese Fragen können euch helfen:
   - War es ein sonniger Morgen?
   - Was wollte die Hexe wohl im Wald?
   - Lud die Hexe den Hasen wirklich zum Essen ein?

► Geschichten-Werkstatt: Seite 161

So sind die Olchis

Erhard Dietl

Olchis mögen keine Schokolade.
Und auch kein Eis und keine Bonbons.
Sie mögen keinen Pudding und keine Spaghettis.
Sie mögen überhaupt nichts von den Sachen,
die uns gut schmecken.
Olchis mögen viel lieber scharfe Sachen,
und Fauliges und Bitteres.
Sie kauen gern alte Gummireifen,
knabbern an verrosteten Blechbüchsen
und pudern sich mit einer Dose Pfeffer!
Ihre scharfen Zähne knacken Glas und Metall.
Wenn etwas stinkt, dann sagen sie:
„Mmm! Riecht das aber olchig!“
Sie atmen dann tief ein, so wie wir,
wenn es nach frischem Gras und Bäumen duftet.

Olchis wühlen gern in Müllbergen.
Sie holen sich leckere Sachen
aus dem Müll.
Und sie freuen sich,
wenn sie etwas finden,
das schön stinkig, grindig
und vergammelt ist.
Zum Beispiel eine uralte Flasche
mit einem Rest Haarschampoo.
Das trinken sie besonders gern.
Oder Büchsen mit alten Farbresten
und Terpentin und Benzin.

1 Überlegt: Wie mag es bei den Olchis zugehen, wenn sie spielen, streiten, lernen, verreisen, …?

Ideenkiste

Kochrezepte – nur für die Olchis

Reifen-Rost-Suppe

Zutaten:
- ein halber Autoreifen
- 200 Gramm rostige Nägel
- ein halber Liter Tuschwasser

Zubereitung:
1. Den Autoreifen in kleine Stücke schneiden.
2. Die Stücke in einen Topf geben und das Wasser hineingießen. Alles 10 Minuten kochen lassen.
3. Die rostigen Nägel dazugeben und gut umrühren.

1 Schreibe auch so ein Kochrezept für die Olchis.
Die Wörter helfen dir.
Du kannst aber auch ganz andere Wörter benutzen.

Wörter für Zutaten:

Essig

Sägespäne

Mülltüte

Wörter für die Zubereitung:

backen

mixen

kochen

2 Aus euren Kochrezepten könnt ihr ein Olchi-Kochbuch für eure Klasse machen.

Andere Länder, andere Sprachen

Die Geschichte meines Opas

Philip Waechter

(1) Warum will der Opa Urlaub machen?

Wenn ich groß bin,
wäre ich gerne wie mein Opa.
Ich weiß, dass er ganz toll ist.
Mein Opa ist mein bester Freund.

Wir sehen uns zwar nicht besonders oft,
weil mein Opa viel unterwegs ist,
aber wenn wir uns treffen,
dann hat er immer viel zu erzählen. […]

Mein Opa kann sogar fliegen. Er ist ein Superopa!

2 Stell dir vor, du bist der Opa.
Was erlebst du im Urlaub?

Kinder in anderen Ländern sprechen andere Sprachen

1 Alle Kinder sagen etwas anderes, aber alle Kinder meinen dasselbe. Weißt du, was sie meinen?

2 Welche Verabschiedungen aus anderen Ländern kennst du?

3 Finde heraus, aus welchen Ländern die Kinder kommen. Die Flaggen der Länder können dir dabei helfen.

Das Lied vom kleinen Frosch

Text: Verschiedene Autoren

Melodie: Volksgut

1. Englisch:

Hey little frog, hey little frog,
tell me where is your tail!
I've got no tail, I've got no tail,
come on let's swim and sail.
Croak, croak, croak, croak!
Croak, croak, croak, croak!
Croak, croak, croak, croak,
croak, croak! ...

2. Italienisch:

Ra-no-cchio mio, ra-no-cchio mio,
la co-da do-ve l'hai?
Io non ce l'ho. Io non ce l'ho.
Vien qui a ba-llar con me.
Cra cra cra cra! Cra cra cra cra!
Cra cra cra cra cra cra! ...

3. Türkisch:

Küçük kurbağa, küçük kurbağa,
kuyruğun nerede?
Kuyruğum yok. Kuyruğum yok.
Yüzerim derede.
Kuak, kuak, kuak, kuak!
Kuak, kuak, kuak, kuak!
Kuak, kuak, kuak, kuak,
kuak, kuak! ...

4. Schwedisch:

Små grodorna, små grodorna,
är lustiga attse.
Ej öron, ej öron,
ej svansar hava de.
Ko-ack, -ack, -ack! Ko-ack, -ack, -ack!
Ko-ack, -ack, -ack, -ack, -ack! ...

Sprachen

Ursula Wölfel

Eine Familie zog weit weg in eine andere Stadt. Die Kinder gingen gleich am ersten Tag einkaufen. Sie sollten Wurst und Brötchen für die Möbelmänner holen und der Vater brauchte Nägel. Als die Kinder zurückkamen, riefen sie: „Hier gibt es keine Wurst und keine Brötchen! Hier gibt's nur Woscht und Weck! Und Nägel gibt es hier auch nicht, nur Neeschel!" Sie lachten und lachten.

Am nächsten Tag lernten sie die Nachbarskinder kennen. Sie fragten: „Darf man hier auf der Straße Rollschuh laufen und seilspringen?" Die Nachbarskinder sagten: „Bei uns uff de Gass derf mer laafe un hippe, wie mer will."

In den Ferien reisten die Kinder mit ihren Eltern in ein anderes Land. Sie wohnten dort im Zelt auf dem Campingplatz, und den ganzen Tag spielten sie mit den Kindern aus den anderen Zelten und den Wohnwagen. Das waren Kinder aus Frankreich, England und Italien. Am Anfang konnte keiner den anderen verstehen. Wenn die Kinder aus Deutschland „Baum" sagten, dann sagten die Kinder aus Frankreich: „arbre", und die Kinder aus England sagten: „tree", und die Kinder aus Italien sagten: „albero". Manchmal konnten sich auch alle gut verstehen.

Die Kinder aus Deutschland sagten: „Ball", und die Kinder aus Frankreich sagten: „balle", und die Kinder aus England sagten: „ball", und die Kinder aus Italien sagten: „palla".

Bald konnte jeder ein paar Wörter aus den anderen Sprachen. Dann waren die Ferien zu Ende und die Kinder fuhren wieder nach Hause.
Unterwegs fragten sie ihre Eltern:
„WARUM SPRECHEN DIE MENSCHEN VERSCHIEDENE SPRACHEN?“
„Weil sie in verschiedenen Gegenden oder Ländern wohnen“, sagte der Vater.

1. Was sagen die Kinder in der neuen Stadt zu Brötchen und Wurst?

2. Male einen Baum und schreibe daneben, wie ihn die Kinder in Frankreich, in England und in Italien nennen.

3. Manche Dinge in der Klasse haben bei euch bestimmt auch mehrere Namen (Schulranzen, Federmäppchen, Radiergummi, ...). Sammelt die Namen.

4. Suche dir selbst einen Gegenstand aus und finde heraus, wie er in anderen Ländern heißt.

Sommerferien bei den Großeltern

Martin Nader

Endlich sind Sommerferien. Metin ist schon ganz aufgeregt. Er fliegt mit seiner Familie für sechs Wochen in die Türkei.

Sie wollen Metins Großeltern besuchen. Die Großeltern leben am Meer. Dort kann man super buddeln und Sandburgen bauen. Die meisten von Metins Verwandten leben in der Türkei. Sie sprechen alle Türkisch und können nur ein paar Wörter auf Deutsch sagen. Metin ist das egal. Zu Hause spricht er mit seiner Mutter auch nur Türkisch. Auf das Wiedersehen mit seinem Großvater freut Metin sich schon ganz besonders.

Dann ist es endlich so weit! Metin und sein Großvater begrüßen sich. „Merhaba Metin!“, sagt der Opa. „Merhaba Dede!“, antwortet Metin. Natürlich will der Großvater erst einmal wissen, wie es Metin geht: „Nasılsın Metin?“ Metin geht es gut und er antwortet: „Iliyim!“ Jetzt will Metin aber schnell an den Strand. Ob man hier wohl baden darf? Sofort fragt er seinen Großvater: „Burada suya girili mi?“ „Evet!“, antwortet der Großvater und Metin lacht vor Freude. Er nimmt Anlauf und zählt: „Bir, iki, üç!“ Dann rennt er ins Wasser!

(1) Lasst euch den Text zuerst einmal vorlesen.

(2) Findet heraus, was die türkischen Wörter und Sätze auf Deutsch bedeuten.

Ideenkiste

Urlaubspost

1. Warst du schon einmal in einer anderen Stadt oder in einem anderen Land?

2. Schreibe einen Brief oder eine Postkarte an deine Klasse.

Lern-Werkstatt

Texte verstehen

Texte verstehen

1. Ich schaue mir zuerst einmal die Überschrift und die Bilder an: Was weiß ich schon alles zu diesem Thema?
2. Was möchte ich noch wissen?
3. Ich lese den Text leise für mich.
4. Was habe ich nicht verstanden? Ich kann ein anderes Kind oder einen Erwachsenen fragen.
5. Ich bearbeite die Aufgaben zum Text.
6. Was hat der Text mir nicht verraten? Was möchte ich sonst noch wissen?

(1) Probiere das mit dem Text auf der nächsten Seite aus. Die Überschrift heißt *Besuch beim Tierarzt.* Schau dir auch das Bild an. Was weißt du schon? Was erwartest du?

► Haustiere: Seite 30, 31
► Haustiere: Seite 40, 41
► In der Natur: Seite 62, 63

Besuch beim Tierarzt

Martin Nader

Fedor hat zum Geburtstag einen Kater bekommen. Er heißt Schnucki und ist zwölf Wochen alt. Heute muss Fedor mit Schnucki zum Tierarzt. Dort bekommt sein kleiner Kater drei Impfungen. Zwei von Schnuckis Impfungen müssen heute nur aufgefrischt werden: Schon vor vier Wochen wurde er gegen Katzenschnupfen und Katzenseuche geimpft. Der Tierarzt impft Schnucki heute auch gegen Tollwut. Alle Impfungen trägt er in den Impfpass ein.

(2) Lies den Text.
Gibt es etwas, das du nicht verstehst?
Erklärt es euch gegenseitig.

(3) Erkläre die unterstrichenen Wörter.

(4) Beantworte die Fragen:
a) Wie alt ist der Kater und wem gehört er?
b) Was passiert beim Tierarzt?
c) Wie alt war Schnucki, als er seine erste Impfung bekam?

(5) Wenn du noch Fragen hast, schreibe sie auf.

Sich Notizen machen mit Zetteln

Unbekannte Wörter aufschreiben

1. Ich lese den Text.
2. Ich schreibe die Wörter, die ich nicht verstehe, auf einen Zettel und klebe ihn an den Rand.
3. Damit ich die Wörter gut wiederfinden kann, schreibe ich auch die Zeilen auf.
4. Ich lasse mir erklären, was die Wörter bedeuten.

1 Probiere das mit dem Text *Ninas Familienausflug* aus.

Ninas Familienausflug

Nadine Scheer

Am letzten Sonntag hat die ganze Familie einen Ausflug gemacht. Einen richtigen Familienausflug mit Picknick!

Zeile 3: Picknick

Nina und ihr Bruder Fabian hatten viel Spaß. Auch ihre Cousine Greta war mit dabei. Klaus hat die Wanderkarte gelesen. Trotzdem haben sie sich verlaufen. Klaus ist der Patenonkel von Nina. Er ist sehr nett. Vor dem Ausflug hat er für alle Kinder Wanderstöcke geschnitzt.

Als sie auf einen Berg hinaufgestiegen sind, war Ninas Mama ganz schön aus der Puste. Vielleicht hätte sie nicht so viele Croissants essen sollen.

► In der Natur: Seite 60, 61
► Kleine Häuser, große Türme: Seite 86, 87
► Jahreszeiten, Feste und Feiern: Seite 108

Sich Notizen machen mit Zetteln

Personen aufschreiben

1. Zuerst lese ich den Text.
2. Ich schreibe die Personen oder Lebewesen auf Zettel und klebe sie an den Rand. Ich schreibe auch die Zeilen auf, damit ich die Textstellen gut wiederfinden kann.

1 Probiere das mit dem Text *Omas Geburtstag* aus.

Omas Geburtstag

Nadine Scheer

Zusammen mit seiner Mama hat Daniel einen Kuchen für Oma Luise gebacken. Auf dem Kuchen sind 65 Kerzen.

Um drei Uhr sind Daniel, Mama, Papa und Max bei Oma eingeladen. Bevor sie den Kuchen essen, zünden sie die Kerzen an. Alle zusammen singen ein Geburtstagslied. Opa Fritz spielt dazu auf der Gitarre.

- Aussagen mit Textstellen belegen
- Verstehenshilfen anwenden

▶ Ich bin ich: Seite 50, 51
▶ Miteinander leben: Seite 74
▶ Miteinander leben: Seite 78

In der Gruppe arbeiten

Zusammenarbeiten

1. Wir lesen den Text in der Gruppe vor.
   Alle lesen mit den Augen mit.
2. Wir lesen die Aufgaben in der Gruppe vor.
3. Wir erzählen uns, was wir verstanden haben
   und stellen uns gegenseitig Fragen.
4. Wir überlegen gemeinsam: Was ist zu tun?
   Wir bearbeiten die Aufgaben.
5. Am Ende tragen wir in der Klasse vor,
   was wir miteinander erarbeitet haben.

Und so gehen wir miteinander um:

- Jeder arbeitet mit.
- Wir sind freundlich zueinander.
- Wir hören uns gegenseitig zu.
- Wir sprechen darüber,
  wie die Arbeit in der Gruppe
  geklappt hat.

(1) Probiert das mit dem Text auf der nächsten Seite aus.

► Haustiere: Seite 43
► In der Natur: Seite 62, 63
► Kleine Häuser, große Türme: Seite 84, 85

Ein neues Zuhause für die Olchis

Erhard Dietl

Die Olchis sind gerade
auf einen anderen Müllplatz gezogen.
Es ist eine riesengroße, prächtige Müllhalde,
schön schmuddelig und oberolchig.
Leere Dosen glänzen da in der Sonne.
Gammelige Matratzen spiegeln sich in Schlammpfützen.
Rostige Schirmgestelle wiegen sich im Wind.
Ein herrliches Plätzchen.
Und die neue Olchi-Höhle
ist eine Wohnung mit Gebirgsblick,
mit freier Sicht auf die Müllberge.

Olchi-Papa
und die Olchi-Kinder
haben sich
vor die Höhle gesetzt
und genießen
die Aussicht.

1. Wie sieht der Müllplatz aus?
Was sehen die Olchis? Sprecht darüber.

2. Gestaltet ein Plakat von der Müllhalde,
auf der die Olchis jetzt wohnen.
Ihr könnt malen oder kleben.

3. Stellt das Plakat gemeinsam vor.

► Seltsame Wesen: Seite 130, 131

Vorlesen und vortragen

Einen Text mit Betonung vorlesen

1. Ich lese den Text erst einmal leise für mich.
2. Ich lese den Text halblaut vor
   und betone die unterstrichenen Wörter.
   Wenn die Hand so zeigt, bleibt die Stimme oben.
   Ich darf nur eine ganz kleine Pause machen.
   Wenn die Hand so zeigt, darf die Stimme
   eine Pause machen und sich ausruhen.
3. Wenn ich zufrieden bin,
   lese ich den Text anderen mit Betonung laut vor.

Die Jahreszeiten

Es war eine Mutter,
die hatte vier Kinder,
den Frühling, den Sommer,
den Herbst und den Winter.

Und so trage ich vor

- Ich stelle mich gerade hin
  und schaue meine Zuschauer immer wieder an.
- Ich spreche langsam, laut und deutlich.
- Ich betone wichtige Stellen im Text.
- Ich ändere meinen Gesichtsausdruck so,
  dass er zum Text passt.

(1) Probiere das an den Gedichten
auf den Seiten 110, 120, 171 aus.

Im Internet nach Informationen suchen

Suchmaschinen für Kinder

Du suchst im Internet Informationen,
zum Beispiel über *Bäume*.
Dann kannst du eine Suchmaschine für Kinder benutzen:

http://www.blinde-kuh.de
http://www.helles-koepfchen.de
http://www.fragfinn.de

Auf der Internetseite schreibst du
deinen Suchbegriff *Bäume*
in das dafür vorgesehene Feld.
Dann klickst du (mit der Maus)
auf Suchen
oder du drückst die Return-Taste.

Nun erhältst du eine Liste
mit Internetseiten
zu dem Thema,
das du suchst.
Wenn du auf eine
dieser Seiten klickst,
wird sie geöffnet.

▶ Haustiere: Seite 37
▶ Haustiere: Seite 43
▶ In der Natur: Seite 67

Fachwörter, die du für Geschichten immer wieder brauchst

Rettung in letzter Sekunde ← **Überschrift**

Leonard Plate ← **Autorin/Autor**

1. Absatz

Der Weltraumrettungsdienst muss mal wieder ← **Zeile**
einen Planeten schützen.
Ein riesiger Kometenschwarm rast auf diesen zu. ← **Satz**
Ein Zusammenstoß in wenigen Minuten erscheint
nach den neuesten Berechnungen unausweichlich.

2. Absatz

Das Tor der Rettungsbasis öffnet sich.
Viele Raumschiffe fliegen in das All hinaus.
Sie fahren ihre Netze aus und fangen
den Kometenschwarm in letzter Sekunde auf.
Der Planet ist gerettet.

Das ist ein **Text**.
Ein Text, der etwas erzählt, ist eine **Geschichte**.
Eine Geschichte hat eine **Überschrift**.
Nach der Überschrift steht der Name des **Autors** oder der **Autorin**.
Die meisten Geschichten haben mehrere **Absätze**.
Ein **Absatz** besteht aus mehreren **Sätzen**.
Ein **Satz** kann kürzer, aber auch länger sein als eine **Zeile**.

● Fachbegriffe kennen und benutzen

► Ich bin ich: Seite 50, 51
► Seltsame Wesen: Seite 126, 127

Fachwörter, die du für Gedichte immer wieder brauchst

Überschrift → **Unsinn**

Autorin/Autor → Wolfgang Menzel

Zeile oder **Vers** → Am Brunnen vor dem Tore,
da stand ein Birnenbaum.
Strophe → Der trug so viele Äpfel, ← **Reim**
man sah die Pflaumen kaum. ← **Reim**

Und oben in den Zweigen, ← **Reim**
Strophe → da tanzten Fische rum. ← **Reim**
Die Mäuse spielten Geigen, ← **Reim**
die Spatzen sangen brummelbrumm. ← **Reim**

Das ist ein **Text**.
Ein Text, der sich reimt, ist ein **Gedicht**.
Ein Gedicht hat eine **Überschrift**.
Nach der Überschrift steht der Name des **Autors** oder der **Autorin**.
Die meisten Gedichte haben mehrere **Strophen**.
Eine Strophe besteht immer aus mehreren **Versen**.
Ein **Vers** ist immer eine **Zeile** lang.
In vielen Gedichten stehen **Reimwörter** am Ende der Verse.

1 Überprüfe, was du gelernt hast, an dem Gedicht *Ein tolles Spiel* auf Seite 90.

Geschichten-Werkstatt

Eine Geschichte mit Bildwörtern lesen

Der Turm im See

Charlotte Bär

Das ist der See.
Das ist der Turm mitten im .
Das ist das Tor vom mitten im .
Das vom mitten im ist verschlossen.
Das ist der Schlüssel zum vom mitten im .
Der liegt tief auf dem Grund mitten im .
Niemand weiß, was in dem mitten im ist.
Und bis heute hat niemand den zum vom mitten im gefunden.
Das ist das Fenster im mitten im .
Das ist der Vogel, der oft durch das im mitten im ein und aus fliegt.
Was mag er da drinnen sehen?
Aber auch der ? hat das Geheimnis des ? mitten im ? noch nicht verraten.

● Kontexterschließendes Lesen

► In der Schule: Seite 23

Wörter in eine Geschichte einfügen

Eine gute Frage

Manfred Mai

Fuchs Maus Igel Stacheln

Ein ? liebte
eine ? .
Doch sobald er sich ihr näherte,
lief sie davon.
Das machte den ? sehr traurig.
„Warum muss ausgerechnet ich so viele ? haben?“,
fragte er den schlauen ? .
„Das verstehe ich auch nicht“, antwortete der ? .
„Mir wärst du auch ohne ? viel lieber.“

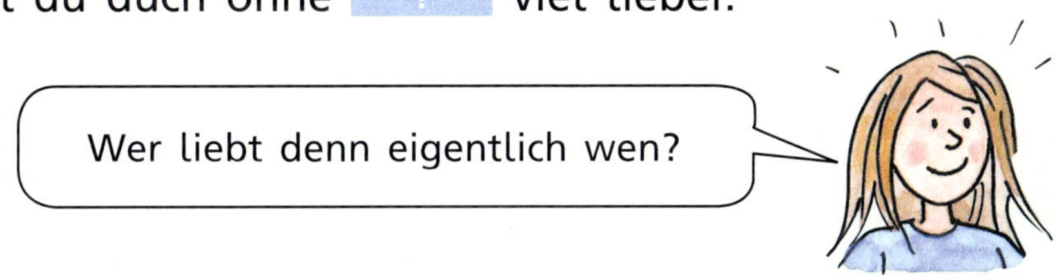

1 Setze beim Vorlesen die Wörter von oben in die Geschichte ein.

2 Erzähle die Geschichte mit diesen Wörtern:

Uhu Ente Tiger scharfe Krallen

▶ Geschichten-Werkstatt: Seite 162

Wörter in eine Geschichte einfügen

Lob des Ungehorsams

Franz Fühmann

Sie waren sieben Geißlein
und durften überall reinschaun,
nur nicht in den Uhrenkasten,
das könnte die Uhr verderben,
hatte die Mutter gesagt.

Es waren sechs artige ___,
die wollten überall reinschaun,
nur nicht in den ___,
das könnte die ___ verderben,
hatte die ___ gesagt.

Es war ein unfolgsames ___,
das wollte überall reinschaun,
auch in den ___,
da hat es die ___ verdorben,
wie es die ___ gesagt.

Dann kam der böse Wolf.

Es waren sechs artige ,
die versteckten sich, als der kam,
unterm Tisch, unterm Bett, unterm Sessel,
und keines im ,
sie alle fraß der .

Es war ein unartiges ,
das sprang in den ,
es wusste, dass er hohl war,
dort hat's der nicht gefunden,
so ist es am Leben geblieben.

Da war die aber froh.

Was bedeutet denn *Lob des Ungehorsams*?

1 Lies die Geschichte mit einem Partner. Setze dabei die fehlenden Wörter ein.

2 Nur ein Satz ist richtig:
a. Weil ein Geißlein artig war, hat der Wolf es nicht gefressen.
b. Weil ein Geißlein ungehorsam war, hat der Wolf es nicht gefressen.
c. Weil sechs Geißlein artig waren, hat der Wolf sie nicht gefressen.

3 Kennst du das Märchen *Der Wolf und die sieben jungen Geißlein*? Erzähle das Ende des Märchens.

Ein Märchen nach Bildern erzählen

Der Froschkönig

Nach den Brüdern Grimm

A

B

C

D

E

F

G

H

(1) Lasst euch das Märchen erzählen.

Das Märchen vom Froschkönig beginnt so:

Es war einmal eine Königstochter, die setzte sich an einen Brunnen. Sie hatte als Spielzeug eine goldene Kugel. Die warf sie in die Höhe. Auf einmal rollte die Kugel in den Brunnen hinein.
Da fing das Mädchen an, jämmerlich zu weinen und zu klagen: „Ich wollte alles darum geben, wenn ich sie nur wieder hätte!"

1 Da kam ein Frosch aus dem Wasser und sagte: „Wenn du mich heiratest, will ich sie dir wiederbringen." Die Königstochter versprach es, und der Frosch holte ihr die goldene Kugel herauf.

2 Sie lief damit nach Haus, den Frosch aber nahm sie nicht mit.

3 Am anderen Tag klopfte es an die Tür und rief: „Königstochter, jüngste, mach mir auf! Weißt du nicht, was du mir gestern versprochen hast?"

4 Da sagte der König: „Was du versprochen hast, musst du halten. Geh, mach dem Frosch die Tür auf!"

5 So musste sie den Frosch hereinlassen und von ihrem goldenen Tellerchen essen lassen.

6 Wie er sich satt gegessen hatte, wollte er sich zu ihr ins Bettchen legen. Da packte sie ihn mit zwei Fingern und trug ihn in ihr Kämmerlein. Sie wollte ihn aber nicht in ihr Bett legen.

7 Stattdessen warf sie ihn – batsch – an die Wand.

8 Da fiel er herab und war ein schöner, junger Prinz. Er war von seinem Zauber erlöst, und die Königstochter heiratete ihn.

2 Immer ein Kind liest vor, die anderen zeigen auf die Bilder. Erzählt miteinander die Geschichte zu den Bildern.

Eine Geschichte zusammensetzen

„Hallo", sagt die Biene

Hermine Wolf

„Blöder Maulwurf.
Immer nur im Dunkeln wühlen.
Wie langweilig", denkt die Biene.
„Im Sonnenschein summen ist viel schöner."
Sie summt vergnügt weiter.

Da trifft sie einen Eichelhäher.
„Hallo, großer Vogel, wollen wir zusammen spielen?"
„Klar", sagt der Eichelhäher, „aber nicht hier.
Komm, setz dich in meinen Schnabel.
Wir fliegen zum Wald. Da ist es viel schöner."

„Ich bin doch nicht blöd", denkt die kleine Biene
und versteckt sich schnell unter einem großen Blatt.

„Blöder Wurm. Immer muss er arbeiten.
Wie langweilig", denkt die Biene
und summt vergnügt weiter.

Da trifft sie einen Maulwurf.
„Hallo, Maulwurf, wollen wir zusammen spielen?"
„Keine Lust. Ist mir viel zu hell hier", sagt der Maulwurf.
„In der Erde graben ist schöner.
Kannst ja mithelfen."

Und schwupp, ist der Maulwurf
in seinem Erdhügel verschwunden.

Als der Eichelhäher wieder weg ist,
summt die kleine Biene vergnügt weiter über die Wiese.

Da trifft sie einen Schmetterling.
„Hallo, Schmetterling, wollen wir zusammen spielen?"
„O ja, gerne!", ruft der Schmetterling begeistert.
„Wir könnten den neuen Flattertanz üben.
Morgen ist der große Wiesentanzwettbewerb.
Da können wir gewinnen."

Und die beiden tanzen bis zum Abend miteinander.

Eine kleine Biene summt vergnügt über die Wiese.

Da trifft sie einen Regenwurm.
„Hallo, Regenwurm, wollen wir zusammen spielen?"
„Keine Zeit", sagt der Regenwurm.
„Muss arbeiten. Kannst mir ja helfen."

Und schon ist er verschwunden.

1. Jede Gruppe liest einen Abschnitt und erzählt, was darin steht.

2. Setzt die Geschichte gemeinsam zusammen. Woran könnt ihr erkennen, wie es weitergeht?

- Gezielt Informationen in einem Text suchen

Einen Teil einer Geschichte erzählen

Wer ist schon groß? Und wer ist schon klein?

Hans Manz

Die Fliege sagt:
„Die Biene ist groß."

Die Biene sagt:
„Die Hornisse ist groß."

…

…

…

…

Der Elefant sagt: „Die Ameise ist groß",
und kichert, wie nur Elefanten kichern können.

„Wie? Wieso? Was sagst du da!",
rufen die Fliege und die Biene und die Hornisse
und der Frosch und der Hund und die Kuh.

„Doch, doch", sagt der Elefant und kichert wieder,
wie nur Elefanten kichern können:
„Die Ameise ist groß, denn der Floh ist noch kleiner."

(1) Erzähle den mittleren Teil der Geschichte.
Was sagen wohl der Frosch, der Hund und die Kuh?

(2) Schreibt eine *Groß-klein-Geschichte* mit anderen Tieren oder Dingen. Tragt eure Geschichte vor.

Eine Geschichte gemeinsam weitererzählen

Ein Insel-Abenteuer

Ein Forscher ist auf dem Meer in ein Unwetter geraten. Tag und Nacht bleibt er in seinem Boot auf dem Wasser. Irgendwann ist er erschöpft eingeschlafen.

Da weckt ihn plötzlich ein heftiger Ruck. Das Boot ist auf einer Insel gestrandet. – Genauer gesagt, ein spitzer Felsen hat es aufgespießt. – Ist das die Rettung?

Der Forscher schaut sich um. Er sieht den felsigen Strand, einen dichten Urwald und einen mächtigen Vulkan. Es ist still und sehr heiß. Ob die Insel wohl bewohnt ist? Gibt es hier Trinkwasser und etwas Essbares? Und wie soll er von hier wieder fortkommen?

1 Malt die Insel auf einen großen Bogen Papier und erzählt dabei die Geschichte gemeinsam weiter, …

… wie und wo der Forscher findet, was er braucht: zum Beispiel einen See oder Fluss, Bäume mit Früchten, Inselbewohner, die ihm helfen, …

… wie der Forscher vielleicht in große Gefahr gerät: zum Beispiel durch wilde Tiere, steile Felsen, Treibsand, …

- Eigene Gedanken zu Texten entwickeln

► Ich bin ich: Seite 50, 51
► Miteinander leben: Seite 76, 77
► Seltsame Wesen: Seite 128, 129

Die Geschichten zum Lesen …

Eine gute Frage

Manfred Mai

Ein Igel liebte eine Maus.
Doch sobald er sich ihr näherte,
lief sie davon.
Das machte den Igel sehr traurig.
„Warum muss ausgerechnet ich
so viele Stacheln haben?“,
fragte er den schlauen Fuchs.
„Das verstehe ich auch nicht“,
antwortete der Fuchs.
„Mir wärst du auch ohne Stacheln viel lieber.“

1 Was du mit dieser Geschichte noch machen kannst:

- Die Geschichte spielen.
- Ein Bild mit Sprechblasen malen.
- Die Geschichte schön betont vorlesen.
- Dir eine Geschichte mit anderen Tieren ausdenken und malen oder schreiben.

2 Warum wäre der Igel dem Fuchs ohne Stacheln lieber?

Lob des Ungehorsams

Franz Fühmann

Sie waren sieben Geißlein
und durften überall reinschaun,
nur nicht in den Uhrenkasten,
das könnte die Uhr verderben,
hatte die Mutter gesagt.

Es waren sechs artige Geißlein,
die wollten überall reinschaun,
nur nicht in den Uhrenkasten,
das könnte die Uhr verderben,
hatte die Mutter gesagt.

Es war ein unfolgsames Geißlein,
das wollte überall reinschaun,
auch in den Uhrenkasten,
da hat es die Uhr verdorben,
wie es die Mutter gesagt.

Dann kam der böse Wolf.

Es waren sechs artige Geißlein,
die versteckten sich,
als der Wolf kam,
unterm Tisch, unterm Bett,
unterm Sessel,
und keines im Uhrenkasten,
sie alle fraß der Wolf.

Es war ein unartiges Geißlein,
das sprang in den Uhrenkasten,
es wusste, dass er hohl war,
dort hat's der Wolf
nicht gefunden,
so ist es am Leben geblieben.

Da war die Mutter aber froh.

1 Lasst euch die Geschichte erst einmal vorlesen
und lest mit den Augen mit.
Achtet dabei auf die Betonungszeichen.

2 Übt das Vorlesen zuerst in der Gruppe:
Ein Kind liest immer einen Abschnitt,
die anderen achten auf die richtige Betonung.

Gedichte-Werkstatt

Echowörter finden

Aus den Bergen kommt das Echo

Was verlieren die Matrosen?	Elfen!
Wer bellt zu jeder Stunde?	Hosen!
Wo ist das dümmste Tier?	Heute!
Wann bist du ein ganz Schlimmer?	Heulen!
Wer isst am liebsten Qualle?	Immer!
Wann schlafen faule Leute?	Eier!
Wer kann im Märchen helfen?	Hier!
Was isst sehr gern Herr Meier?	Alle!
Was machen nachts die Eulen?	Hunde!

Reime erraten

Im Lande der Zwerge

Wolfgang Menzel nach Heinrich Seidel

So geht es im Lande der Zwerge:
Maulwurfshügel sind dort wie ? .

Jahr

Ein Krümel ist wie ein dicker Stein.
Ein Meerschweinchen ist so groß wie ein ? .

Haar

Eine Feder ist einen Zentner schwer.
Eine Pfütze ist dort so groß wie das ? .

Ein Bleistift ist wie ein riesiger Turm.
Groß wie 'ne Schlange ist dort ein ? .

Wurm

Stark wie ein Löwe ist dort eine Maus.
Eine Streichholzschachtel ist groß wie ein ? .

Schwein

Dick wie ein Seil ist dort ein ? .
Und eine Minute dauert ein ? .

Gedichte lesen und schreiben

Das Gedicht mit der 8

Barbara Rhenius

Letzte N8
bin ich plötzlich aufgew8
und hab ged8:
„Hat da nicht einer Krach gem8?"
Ich schlich ganz s8
ans Fenster.
Doch draußen nichts als dunkle N8!
Da hab ich über mich gel8
und hab ged8:
„Ich glaub, ich seh Gespenster!"

1 Lest euch dieses Gedicht vor.

2 Schreibe das Gedicht richtig auf.
Für die 8 musst du immer **acht** schreiben.

Rosinchen träumt von Pferden

Barbara Rhenius

Es war in dunkler Mitternacht,
da ist Rosinchen aufgewacht.
Im Traum fiel sie vom Pferde.
„Wo bin ich nur?", hat sie gedacht,
denn sie war aus dem Bett gekracht.
Da lag sie auf der Erde!

3 Schreibe das Gedicht auf.
Für die **acht** musst du immer eine 8 schreiben.

- Texte sinngestaltend vorlesen

Gedichte auseinandernehmen und weiterdichten

Der Maulwurf – Bellt er jetzt?

Josef Guggenmos, Frantz Wittkamp

Der Maulwurf, schwärzer als die Nacht,
ist wie aus lauter Samt gemacht.
Bellt er jetzt aus Übermut
oder Freude oder Wut?
Oder aber bellt der Hund
wieder ohne jeden Grund?
In dunkler Erde ist sein Reich.
Wie's droben ausschaut, ihm ist's gleich.

1. Schreibe eines der beiden Gedichte richtig auf.

Wenn beide Eltern Enten sind

Frantz Wittkamp

Wenn beide Eltern Enten sind,
ein ganz normaler Fall,
dann kriegen sie ein Entenkind
und keine Nachtigall.

2. Setze in das Gedicht andere Tiernamen ein und mache ein neues daraus.

Zeilen für ein Gedicht aussuchen

Der Nebel

Carl Sandburg/Hans Baumann

Der Nebel — kommt
naht
schleicht

auf — Federflügeln.
weichen Strümpfen.
Katzenpfötchen.

Er — breitet sich aus
sitzt und schaut
flattert und fliegt

über — Wiese und Dorf,
Wald und Feld,
Hafen und Stadt,

steht dann auf
hebt sich still
verschwindet leise

und — geht wieder weg.
macht sich davon.
ist wieder fort.

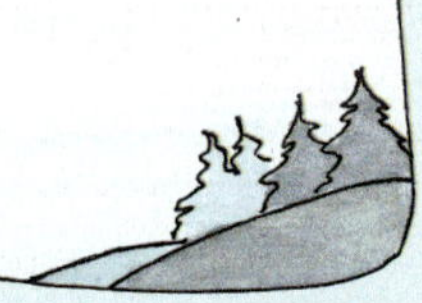

1 Schreibe dein eigenes Gedicht auf.
Suche dir aus den drei Zeilen immer eine aus.
Du kannst auch selbst etwas dazuerfinden.
Schaue dann nach, was der Dichter geschrieben hat.
Du findest es auf Seite 171.

• Lebendige Vorstellungen beim Lesen entwickeln

► Jahreszeiten, Feste und Feiern: Seite 115
► Gedichte-Werkstatt: Seite 171

Wörter in ein Gedicht einsetzen

Der ? Hund

Peter Hacks

Geh ich in der Stadt umher,

Kommt ein ? Hund daher,

Wedelt mit dem Schwanz so sehr,

Nebenher,

Hinterher

Und verläßt mich gar nicht mehr.

Wedelt mit den ? Ohren,

Hat wohl …

1 Vergleicht einmal eure Gedichte mit dem von Peter Hacks. Ihr findet es auf Seite 171.

Gedichte sprechen und weiterschreiben

Peratze perütze

Otto Julius Bierbaum

Peratze perütze,
wo ist meine Mütze,
perütze perause,
wo ist meine Krause,
perause peracke,
wo ist meine Jacke,
peracke perose,
wo ist meine Hose,
perofel periefel,
wo sind meine Stiefel?

Perolli perulli,
wo ist denn mein …?
Peripe, perappe,
wo ist meine …?
Perappe, peruhe,
wo sind meine …?

1 Schreibe das Gedicht weiter.

Geräusche beim Gehen

Frauke Wendula

In Holzpantoffeln geht Frau Popp,
kladipp kladopp, kladipp kladopp.

In Latschen kommt Herr Sipperlapp,
schalipp schalapp, schalipp schalapp.

In Stiefeln trampelt Herr Ladumm,
wabamm, wabumm, wabamm, wabumm.

2 Sprecht und spielt das Gedicht.

3 Dichtet weiter.
Schreibt eure Gedichte auf ein Plakat.

In … watschelt
durch den Matsch,
pladitsch pladatsch, …
In … läuft im Trab,
kladipp kladapp, …

► Ich bin ich: Seite 45
► Miteinander leben: Seite 69

Die Gedichte – zum Lesen und Lernen

Der Maulwurf

Josef Guggenmos

Der Maulwurf,
schwärzer als die Nacht,
ist wie aus lauter Samt gemacht.
In dunkler Erde ist sein Reich.
Wie's droben ausschaut,
ihm ist's gleich.

Bellt er jetzt?

Frantz Wittkamp

Bellt er jetzt aus Übermut
oder Freude oder Wut?
Oder aber bellt der Hund
wieder ohne jeden Grund?

Der blaue Hund

Peter Hacks

Geh ich in der Stadt umher,
Kommt ein blauer Hund daher,
Wedelt mit dem Schwanz so sehr,
Nebenher,
Hinterher
Und verläßt mich gar nicht mehr.
Wedelt mit den blauen Ohren,
Hat wohl seinen Herrn verloren.

Der Nebel

Carl Sandburg/Hans Baumann

Der Nebel kommt
auf Katzenpfötchen.
Er sitzt und schaut
über Hafen und Stadt,
hebt sich still
und geht wieder weg.

Wenn die Hand nach unten zeigt, muss ich eine Pause machen und kann Luft holen.

Die unterstrichenen Wörter soll ich besonders betonen.

Ja, und wenn sie nach oben zeigt, mach ich nur eine kleine Pause. Aber die Stimme bleibt dabei oben.

Theater-Werkstatt

Spiele zum Aufwärmen

Wir sind der größte Zirkus

Text und Melodie: Dorothée Kreusch-Jacob

Jetzt geht die erste Nummer los.

Im Zirkus gibt es:

Clowns | Artisten | Zauberer

wilde Tiere | Zuschauer | ...

1. Suche dir eine Rolle aus.
   Überlege, wie du dich in deiner Rolle bewegen kannst.
   Brauchst du einen Partner oder eine Partnerin?

2. Singt das Zirkuslied und spielt dazu.
   Überlegt vorher:
   In welcher Reihenfolge sollen die Artisten auftreten?

3 Probiert möglichst viele Ideen aus.
Die Zuschauer sagen, was gut war, und geben Tipps.

Gedichte zum Spielen

Eine Mäuse-Geschichte

Heinrich Hoffmann v. Fallersleben

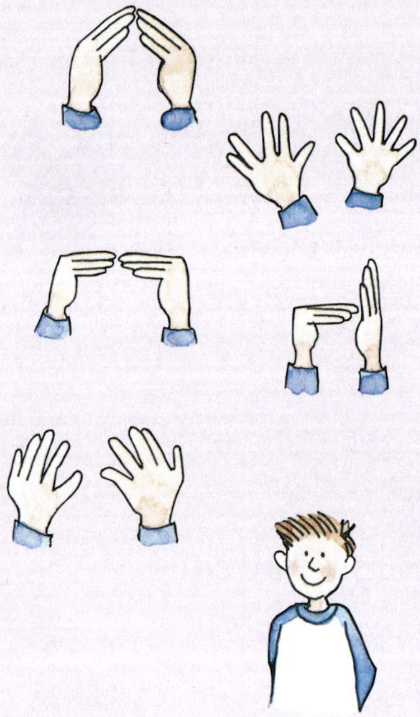

In unserem Häuschen
gibt's sehr viele Mäuschen.
Sie kribbeln und krabbeln,
sie zippeln und zappeln.
Sie gehen auf den Tisch,
auf Stühle,
auf Bänke
und in die Schränke.
Doch will man sie fangen,
springen sie flink von dannen.

Still

Friederike Mayröcker

still
standen auf einmal
die Schäfchen
verwandelten sich zu Stein
nun wächst
Efeu über sie bedeckt sie

1 Zuerst liest ein Kind das Gedicht.
Spielt dann ohne Worte.

Du bist da, und ich bin hier

Frantz Wittkamp

Du bist da,
und ich bin hier.

Du bist Pflanze,
ich bin Tier.

Du bist Riese,
ich bin Zwerg.

Du bist Tal,
und ich bin Berg.

Du bist leicht,
und ich bin schwer.

Du bist voll,
und ich bin leer.

Du bist heiß,
und ich bin kalt.

Du bist jung,
und ich bin alt.

Du bist sie,
und ich bin er.

Du bist Land,
und ich bin Meer.

Du bist dunkel,
ich bin hell.

Du bist langsam,
ich bin schnell.

Du bist schmal,
und ich bin breit.

Du bist Anzug,
ich bin Kleid.

Du bist einsam,
ich allein.

Komm, wir wollen
Freunde sein.

(1) Spielt zu zweit die Gegensätze und das Ende.
Eure Bewegungen und das Gesicht sollen zeigen,
was gemeint ist.

Spielen in der Klasse

Sieben kleine Bären

Josef Guggenmos

Sieben kleine Bären
gingen trippeltrappel
durch den Wald
und hielten sich brav
bei den Vordertatzen.

Wie gehen die Bären?

Da standen
sieben kleine Katzen
bei einer Pappel
am Bach.

Die stehen nicht nur
einfach so da, sondern …

Und sagten: „Ach!
Wären wir drüben,
miau!“

Wie müssen
die Katzenstimmen
wohl klingen?

Da nahmen die sieben kleinen Bären
die sieben kleinen Katzen
auf ihren Rücken
und sagten: „Wir sind stark,
es wird uns schon glücken.“

Achtung!
Wer kann wen tragen?

Die Katzen machten die Augen zu
vor Ängsten.
Und der kleinsten
war es am bängsten.

Wie sieht jemand aus, der Angst hat?

Als sie am anderen Ufer waren,
sagten die sieben Kätzlein
artig das Sätzlein:
„Wir danken schön!"

Jetzt klingen die Katzenstimmen anders. Warum wohl?

„Es ist gern geschehn!",
erklärten die Bären
und meinten auch:
„Ja, wenn wir nicht wären!"

Welches Gefühl zeigen die Bären hier?

1 So könnt ihr dieses Gedicht spielen:
- Sieben Kinder wechseln sich als Erzähler ab.
- Sieben Kinder sprechen die Katzen im Chor und spielen dazu.
- Sieben Kinder sprechen die Bären im Chor und spielen dazu.
- Die anderen Kinder sind Zuschauer. Sie sagen, was gut war und geben Tipps.

Ein Märchenspiel

Vom dicken, fetten Pfannekuchen

C. und T. Colshorn

Es waren einmal drei alte Weiber,
die gern einen Pfannekuchen essen wollten.
Da gab die erste das Ei dazu, die zweite Milch
und die dritte Fett und Mehl.
Als der dicke, fette Pfannekuchen fertig war,
richtete er sich in der Pfanne in die Höhe
und lief den drei alten Weibern weg und lief immerzu
und lief kantapper, kantapper in den Wald hinein.

Da begegnete ihm ein Häschen und rief:

Dicker, fetter Pfannekuchen,
bleib stehen,
ich will dich fressen!

Der Pfannekuchen antwortete:

Ich bin drei alten Weibern weggelaufen
und soll dir, Häschen Wippschwanz,
nicht weglaufen?

und lief kantapper, kantapper in den Wald hinein.

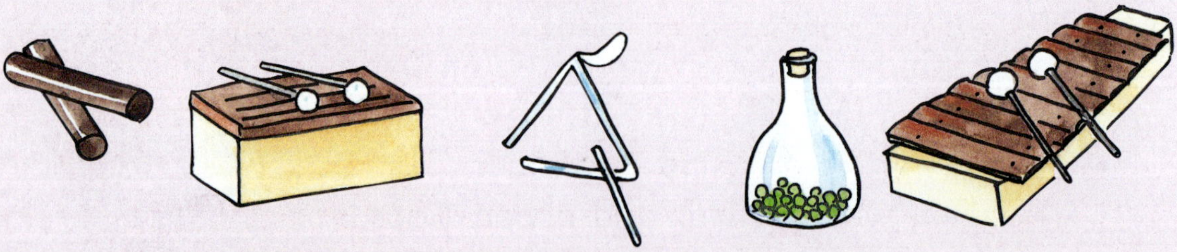

Da kam ein Wolf herangelaufen
und rief:

Dicker, fetter Pfannekuchen,
bleib stehen,
ich will dich fressen!

Der Pfannekuchen antwortete:

Ich bin drei alten Weibern weggelaufen
und Häschen Wippschwanz
und soll dir, Wolf Dickschwanz,
nicht weglaufen?

und lief kantapper, kantapper in den Wald hinein.

Da kam …

Ziege Langbart

Schwein Kringelschwanz

Pferd Plattfuß

Da kamen drei Kinder daher,
die hatten keinen Vater und keine Mutter mehr,
und sprachen:
„Lieber Pfannekuchen, bleib stehen.
Wir haben noch nichts gegessen den ganzen Tag.“

Da sprang der dicke, fette Pfannekuchen
den Kindern in den Korb und ließ sich von ihnen essen.

► Bücher, Bücher: Seite 95–97

Spielen und Hören

Allein-Lied

Christa Zeuch

In der Küche tickt die Uhr,
Schritte gehn im Treppenflur.
Schleicht da wer ins Haus herein?
Dunkel ist's, ich bin allein.

An der Wand, ganz nah bei mir,
schnauft ein schwarzes Schattentier.
Schnell die Leselampe an,
dass es mich nicht fressen kann.

Ob mein Wecker richtig geht?
Ist es wirklich schon so spät?
Hunger hab ich und auch Durst,
mag ein Brot mit Leberwurst.

Doch ich trau mich nicht hinaus,
denn jetzt knackt was durch das Haus!
Schlüssel klappern hell und blank –
Mama, Papa, Gott sei Dank!

(1) Macht zu jeder Strophe die Geräusche mit Gegenständen, Instrumenten, Händen, Füßen oder dem Mund.
Die tickende Uhr begleitet das Lied die ganze Zeit.
Zwischen den Strophen tickt sie achtmal.

Ein Hörspiel

Bennis Morgen

1  Benni wacht auf.	2  Benni frühstückt.
3  Benni ist im Bad.	4  Benni geht zur Schule.
5  Benni lernt.	6  Benni hat Pause.
7  Benni ist in der Turnhalle.	8  Die Schule ist aus.

1 Was gibt es zu den Bildern zu hören?
- Welche Geräusche könnt ihr selbst machen?
- Was sollen die Personen reden, rufen, flüstern …?

2 Denkt euch Situationen aus und macht sie hörbar. Lasst dann andere Kinder raten, was da wohl los ist.

▶ In der Schule: Seite 23

Die lange Geschichte

Der Wolf und der Fuchs

Brüder Grimm

Der Wolf hatte den Fuchs bei sich, und was der Wolf wollte, das musste der Fuchs tun. Er war nämlich der Schwächere, und der Fuchs wäre seinen Herrn gern los gewesen.
Es trug sich aber zu, dass die beiden durch den Wald gingen. Da sprach der Wolf: „Rotfuchs, schaff mir was zu fressen, oder ich fresse dich!"

Da antwortete der Fuchs: „Ich weiß einen Bauernhof, wo ein paar junge Lämmlein sind. Hast du Lust, so wollen wir eins holen.“ Der Wolf war’s zufrieden, und sie gingen hin, und der Fuchs stahl ein Lämmlein, brachte es dem Wolf und machte sich fort. Da fraß es der Wolf auf.

Er war aber damit nicht zufrieden, sondern wollte noch ein zweites haben und ging, es zu holen. Weil er es aber so ungeschickt machte, merkte es die Mutter des Lämmleins und fing entsetzlich an zu schreien und zu blöken, sodass die Bauern herbeigelaufen kamen. Da fanden sie den Wolf und schlugen ihn so erbärmlich, dass er hinkend und heulend beim Fuchs ankam.

„Du hast mich schön angeführt“, sprach er. „Ich wollte das andere Lamm holen, da haben mich die Bauern erwischt und windelweich geschlagen.“ Der Fuchs antwortete: „Warum bist du so ein Nimmersatt!“

Am anderen Tag gingen sie wieder ins Feld, und der Wolf sprach auch wieder zum Fuchs: „Rotfuchs, schaff mir was zu fressen, oder ich fresse dich!“ Da antwortete der Fuchs: „Ich weiß ein Bauernhaus, da backt die Frau heute Abend Pfannkuchen. Wir wollen uns davon holen.“ Sie gingen hin, und der Fuchs schlich sich ums Haus herum. Er guckte und schnupperte so lange, bis er ausfindig machte, wo die Schüssel stand, und zog sechs Pfannkuchen heraus und brachte sie dem Wolf.

Der Wolf hatte die Pfannkuchen in einem Augenblick verschluckt und sprach: „Sie schmecken nach mehr!“ Er ging hin und riss die ganze Schüssel herunter. Da gab es einen so gewaltigen Lärm, dass die Frau herauskam. Und als sie den Wolf sah, rief sie ihre Leute. Die liefen herbei und schlugen ihn, was das Zeug hielt, sodass er mit zwei lahmen Beinen zum Fuchs in den Wald hinaus kam.

Er schrie: „Was hast du mich angeführt! Die Bauern haben mich erwischt und mich windelweich geschlagen.“ Der Fuchs aber antwortete: „Warum bist du so ein Nimmersatt!“

Am dritten Tag, als sie beisammen draußen waren und der Wolf nur mit Mühe forthinkte, sprach er doch wieder: „Rotfuchs, schaff mir was zu fressen, oder ich fresse dich!“ Der Fuchs antwortete: „Ich weiß einen Mann, der hat das Fleisch von einem geschlachteten Schwein im Keller. Das wollen wir holen.“ Da sprach der Wolf: „Aber ich will gleich mitgehen, damit du mir hilfst, wenn ich nicht fort kann.“

„Meinetwegen“, sagte der Fuchs, und er zeigte ihm den Weg, auf welchem sie endlich in den Keller gelangten. Da war nun Fleisch im Überfluss, und der Wolf machte sich gleich daran und dachte: „Bis ich aufhöre, hat's Zeit!“

Der Fuchs ließ sich's auch gut schmecken und blickte überall herum. Er lief auch oft zu dem Loch, durch welches sie gekommen waren. Dort versuchte er, ob sein Leib noch schmal genug wäre, um durchzuschlüpfen. Der Wolf sprach: „Lieber Fuchs, ei, was rennst du so hin und her und springst hinaus und herein?"

„Ich muss doch sehen, ob niemand kommt", antwortete er listig. „Friss nur nicht zu viel!" Da sagte der Wolf: „Ich gehe nicht eher fort, als bis das Fass leer ist."

Da kam der Bauer, der den Lärm von den Sprüngen des Fuchses gehört hatte, in den Keller. Der Fuchs, wie er ihn sah, war mit einem Satz durch das Loch draußen. Der Wolf wollte hinterher, aber er hatte sich so dick gefressen, dass er nicht mehr durchkonnte, sondern steckenblieb. Da kam der Bauer mit einem Knüppel und schlug ihn tot. Der Fuchs aber sprang in den Wald und war froh, dass er den alten Nimmersatt los war.

Wichtige Fachwörter

ABC: Das ABC ist eine Liste aller Buchstaben von A bis Z: *A, B, C, D, E, ...* Man nennt es auch Alphabet. ► Seite 10, 11

Abschnitt: Ein Abschnitt oder Absatz ist ein Teil eines Textes. Man erkennt Absätze daran, dass zwischen ihnen eine leere Zeile zu sehen ist. ► Seite 39, 59, 159, 163

Autorin/Autor: Ein Autor ist derjenige, der eine Geschichte, ein Gedicht oder ein Buch geschrieben hat. ► Seite 98, 102, 150, 151

Bücherei: In einer Bücherei kann man Bücher ausleihen. Eine Bücherei nennt man auch Bibliothek. ► Seite 100, 101

Comic: Ein Comic ist eine bestimmte Art von Bildergeschichte. Was die Personen sagen oder denken, steht meistens in Textblasen. ► Seite 75, 132, 133

Erzählbild: Ein Erzählbild ist ein Bild, zu dem man eine Geschichte erzählen oder schreiben kann. ► Seite 44, 92, 122

Gedicht: Ein Gedicht kann man daran erkennen, dass es aus kurzen Versen besteht, die sich oft auch reimen. ► Seite 69, 90, 151, 167

Geschichte: Eine Geschichte ist ein Text, der erzählt wird. Geschichten sind meistens spannend. ► Seite 73, 97, 150, 152, 161

Hörbuch: In einem Hörbuch werden auf CD oder Kassette Geschichten vorgelesen. ► Seite 103

Hörspiel: In einem Hörspiel wird ein Text wie bei einem Theaterstück von mehreren Schauspielern vorgespielt. Manchmal ist auch Musik dabei. ► Seite 181

Inhaltsverzeichnis: Ein Inhaltsverzeichnis findet man meistens am Anfang oder am Ende eines Buches. Es gibt die Seiten an, auf denen ein bestimmter Text des Buches zu finden ist. ► Seite 2–7

Kapitel: Ein Kapitel ist ein Teil eines Buches. Meist haben Kapitel eine eigene Überschrift. ► Seite 8

Lexikon: Ein Lexikon ist ein Buch, indem man Erklärungen für Dinge nachschlagen kann. Die Überschriften sind nach dem ABC geordnet. ► Seite 63, 86

Märchen: Märchen sind Geschichten, in denen Zauberer, Feen, Prinzessinnen, Geister und Fantasietiere vorkommen. ▸ Seite 156, 157, 178

Notizen: Notizen sind einzelne Wörter oder kurze Sätze, die man sich aufschreibt, um sich etwas zu merken. ▸ Seite 29, 49, 54, 144, 145

Reim: Reime sind Wörter, die ähnlich klingen wie zum Beispiel *Haus – Maus* oder *kaufen – raufen*. Reime kommen vor allem in Gedichten und Liedern vor. ▸ Seite 151, 165

Sachtext: Ein Sachtext ist ein Text, der kurz und sachlich über Dinge und Lebewesen berichtet oder sie möglichst genau beschreibt. ▸ Seite 48, 63, 107

Strophe: Eine Strophe ist ein Absatz in einem Gedicht. Eine Strophe besteht aus mehreren Versen. ▸ Seite 111, 121, 151

Text: Ein Text besteht aus mehreren Sätzen, die zusammen etwas erzählen oder erklären. Texte haben meistens eine Überschrift. Gedichte, Geschichten, Sachtexte oder Märchen ... das alles sind Texte. ▸ Seite 12, 46, 81, 108, 142, 150, 151

Theater: Auf dem Theater werden Texte gespielt, in denen Schauspieler oder Spielfiguren miteinander sprechen. Der Ort, an dem gespielt wird, ist die Bühne. ▸ Seite 172

Titel: Jedes Buch hat einen Titel. Er steht vorn auf dem Umschlag. Der Titel sagt, wie das Buch heißt und soll zum Lesen anregen. ▸ Seite 102, 103

Überschrift: Die meisten Texte haben eine Überschrift, die sagt, worum es geht. Überschriften wollen zum Lesen eines Textes anregen. ▸ Seite 30, 39, 142, 150, 151

Vers: Der Vers ist die Zeile eines Gedichtes. Verse sind meistens kurz. An ihrem Ende steht oft ein Reimwort. ▸ Seite 151

Verzeichnis der Autorinnen und Autoren

Unbekannte und ungenannte Autorinnen und Autoren